PPP-PFI 事業提案書の作り方

プロが教える
発注者に評価される
テクニック

ベックス株式会社 代表取締役 岡崎 明晃 [著]

日刊工業新聞社

はじめに

◎ PPP-PFIへの関心の高まり

　PPP-PFIへの関心が、ここへきて、俄かに高まっているように思えます。本書を手に取ってくれた方々には、釈迦に説法となりましょうが、「PPP-PFIとは」を簡単に説明します。

　PPPはパブリック・プライベート・パートナーシップの略で、公民連携（官民連携）と呼ばれ、PFI、指定管理者制度、市場化テスト、公設民営（DBO）方式、包括的民間委託、自治体業務のアウトソーシング等のさまざまな事業形態があります。

　一方、PFIはプライベート・ファイナンス・イニシアティブの略で、公共施設等の建設、維持管理、運営等を民間の資金とノウハウを活用する公共事業の手法です。さらに、公共施設等運営権制度を活用したPFI制度については、コンセッション方式と呼ばれています。

　では、なぜ、今、PPP-PFIなのか…。その背景には、①国や地方自治体の財政健全化に向け、民間の資金とノウハウを活用した効率的で効果的な公共サービスの提供、②地方創生や地域活性化に向け、民間活力による魅力ある地域づくり、③経済活性化に向け、民間部門への新たなビジネスチャンスの提供――等々があります。

◎金額だけでなく提案内容の表現技量で大きく勝ち負けに差がつく

　PPP-PFIの入札・公募においては、金額と提案が総合的に評価されるため、提案内容の表現技量で大きく勝ち負けに差がついてしまいます。

　本書は、そんなPPP-PFIの関連業務に実際に携わる人たち、特に民間事業者として提案する立場の人たちが、何をどうすれば、首尾よく受注・選定につながるかについて解説しています。

　具体的には、事業発注者（自治体等）が示す募集要項や要求水準書を

どう読み解くか、どのようなプロセスで提案書を作成していくのか、高評価が得られる提案書を作成する際のキーポイントは何か、プレゼンテーションを成功させるには何が必要か——について詳細に示しています。

◎提案書づくりとプレゼンのエキスパート集団を率いて

　私が、PFIの萌芽期に事業提案書づくりに携わってから、早や20年近くが経とうとしています。私は若いころ、化学メーカーや機械メーカーでプラントエンジニア、企画担当等の仕事に就き、海外のプラント建設も経験しました。プラントづくりを通して、土木・建設、機械設備に関する知識・ノウハウを身に付け、施設の維持管理について学びました。そうした現場体験を活かすべく、今から15年前に立ち上げた会社がベックスです。

　ベックスは、「効率的で質の高い公共サービスの実現」をお手伝いする会社です。公と民の橋渡しをするコンサルティング会社ともいえます。メイン業務としては、民間サイドに立った、提案書の作成支援、デザイン・パース類の制作、公共施設の管理運営・立ち上げ支援、各種モニタリングの実施・評価——に取り組んでいます。最近では、民間企業による都市再開発事業や海外向けの事業案件等にも取り組む一方で、自治体等発注者サイドの仕事もお手伝いしています。

◎地域住民ファーストの視点

　公と民。双方の視点から、公民連携の"最適解"を探すのが当社のミッションだとも思っています。最適解を導き出すのに欠かせないのが、まず地域住民ありきという「地域住民ファースト」の視点です。例えば、公共スポーツ施設や公営住宅を建てる際には、スポーツだけ、居住だけに目を向けるのではなく、顧客である地域住民のニーズ、ウォンツを探り出し、それらに応える幅広の提案を行うことが大切だと考えています。

　ベックスでは、地域住民ファーストを形にするべく、全体を俯瞰する

鳥の目、ディテールにこだわる虫の目、流れを見て取る魚の目の3つの目を持って、日々、公と民の橋渡しに努めております。

◎本書の構成と内容について

　長年の実務経験やセミナー・講演会での気づきを一冊の本に要約し公開すれば、PPP-PFIの普及発展の一助となるのではないか…。そう考えて本書を出版しました。

　第1章ではPPP-PFIをはじめ、コンセッション、指定管理者制度、および総合評価方式等、公共事業の各種事業形態や評価方式に触れ、公共施設・サービスに関わるトレンドを概説しています。第2章では発注者は何を求めているのか、募集要項や要求水準書から何を掴めばいいのかについて私なりの見解を述べています。第3章～第6章では、提案書にまつわるあれこれを詳述しています。全ページ数の半分以上をこの部分が占めます。受注・選定獲得のキモとなるのが提案書なので、ぜひ目を通していただきたい部分です。第7章では、ここへきて、その重要性が一段と高まっているプレゼンテーションについて言及しました。各章の末尾には個人的な思いやエピソードを綴ったコラムを配しています。

　提案書やプレゼンのくだりには、PPP-PFIの実務のみならず、さまざまなビジネスシーンでも有用となる普遍的な事柄を少なからず紹介しています。本書がPPP-PFIの受注・選定を目指す企業関係者はもとより、行政機関の関係者、さらに各方面で活躍されるビジネスマンの方々の目に留まり、少しでもお役に立つことができましたら幸甚の至りです。

　なお、本書の執筆に当たって、多大なご尽力をいただいた山下郁雄氏と日刊工業新聞社出版局の土坂裕子氏に厚く御礼申し上げます。

2018年11月　　　ベックス株式会社　代表取締役　岡崎明晃

目次 PPP-PFI 事業提案書の作り方
プロが教える　発注者に評価されるテクニック

はじめに ………………………………………………………………………… 1

第1章 公共施設等の整備・運営事業を取り巻く環境

- 1-1 中野サンプラザの民営化の変遷 …………………………………… 10
- 1-2 公共事業の入札・公募をめぐる動き ……………………………… 14
- 1-3 PPP-PFI の歩みと今日 ……………………………………………… 18
- 1-4 注目のコンセッション方式 ………………………………………… 25
- 1-5 指定管理者制度とは ………………………………………………… 31
- 1-6 その他の PPP 関連事業 ……………………………………………… 35
- 1-7 総合評価落札方式の変遷と現状 …………………………………… 37
- 1-8 PPP-PFI の必要性と振興策 ………………………………………… 40

column 1　地域住民のニーズの多様化とマズローの欲求段階説 ………… 48

第2章 要求水準等の公募資料を読み解くポイント

- 2-1 発注者は何を求めているのか ……………………………………… 52
- 2-2 公募資料を読み込むポイント ……………………………………… 53
- 2-3 上位計画及び関係法令・条例等の把握 …………………………… 65
- 2-4 要求水準と関係書類の位置づけ …………………………………… 67
- 2-5 要求水準書を読み解く ……………………………………………… 71
- 2-6 審査委員への対応 …………………………………………………… 73

column 2　ストロングマネージャーとマネジメント …………………… 75

第3章　事業提案書作成のための体制づくり

- 3-1　最近の入札・公募結果のトレンド……………………………78
- 3-2　事業提案書とは…………………………………………………80
- 3-3　事業提案書の作成フロー………………………………………83
- 3-4　現地調査の実施と現地情報の重要性…………………………86
- 3-5　提案力アップに向けた基本方針と方策………………………87
- column 3　ジョハリの窓とコミュニケーション…………………97

第4章　事業提案書作成のプロセス

- 4-1　事業提案書作成に向けた4段階……………………………100
- 4-2　様式集（フォーム）の作成…………………………………105
- 4-3　モック（提案骨子）の作成と提案内容の整理……………107
- 4-4　用語（禁則）集の作成………………………………………109
- 4-5　スケジュールの策定と管理…………………………………111
- 4-6　プロジェクトルーム活用による集中作成…………………112
- 4-7　枚数確認表と業務分担表の作成……………………………114
- 4-8　ドキュメント管理……………………………………………117
- 4-9　図表等で使用する色彩の確認………………………………119
- 4-10　作業の効率化とコストセーブ………………………………120
- column 4　提案書の切り口とイノベーション……………………122

第5章 事業提案書のポイント

- **5-1** 主な審査項目 …………………………………………… 126
- **5-2** 理念と実施方針のまとめ方 …………………………… 127
- **5-3** 理念と実施方針の主な記載内容 ……………………… 129
- **5-4** 事業計画の考え方 ……………………………………… 131
- **5-5** 施設の設置目的と役割に対する考え方 ……………… 134
- **5-6** 広報・PR活動の考え方 ………………………………… 136
- **5-7** 運営業務の提案のポイント …………………………… 138
- **5-8** 維持管理業務の提案のポイント ……………………… 141

column 5 図表や写真等のカタチ ……………………………… 143

第6章 高評価の事業提案書の作成ノウハウ

- **6-1** 評価される事業提案書とは …………………………… 146
- **6-2** 発注者側の意図の理解 ………………………………… 147
- **6-3** 要求水準に対する明確なアウトプットとインプット ……… 151
- **6-4** アウトプットとインプットの記載方法 ……………… 153
- **6-5** ロジックの整理 ………………………………………… 155
- **6-6** 事業提案書の変遷 ……………………………………… 157
- **6-7** 読みやすさと分かりやすさ …………………………… 160
- **6-8** 文字は少なく、図表で表す …………………………… 164
- **6-9** ストーリー性のある表現 ……………………………… 166
- **6-10** 地域住民と読み手への配慮とやさしさを大切に ……… 168

column 6 親しみのある色使い ………………………………… 171

第 7 章　プレゼンテーションに挑む

| 7-1 | プレゼンの実施例と確認事項 …………………………………… 174
| 7-2 | プレゼンの目的 …………………………………………………… 175
| 7-3 | プレゼン準備の基本方針 ………………………………………… 177
| 7-4 | プレゼン資料作成のプロセス …………………………………… 179
| 7-5 | 想定問答集の作成 ………………………………………………… 181
| 7-6 | プレゼン力をアップさせるポイント …………………………… 182
| 7-7 | パワーポイントの活用及び演出効果 …………………………… 184

column 7　ベックスの設立と本の執筆に至るまで ………………………… 186

参考文献・資料 ……………………………………………………………… 190

第1章
公共施設等の整備・運営事業を取り巻く環境

1-1 中野サンプラザの民営化の変遷

◎存廃で揺れ動く

　ミュージシャンのサンプラザ中野氏のおかげもあって、全国区の知名度を誇る中野サンプラザ（東京都中野区）が揺れている。2018年6月、中野サンプラザの存廃を最大の争点とする中野区長選が行われ、解体・再整備を唱えた現職区長が落選して新区長が誕生した。

　新区長は2018年9月現在、中野サンプラザの今後について明確な方向性を示していない。区役所庁舎の建て替え問題等も絡んで、着地点が見えてこない状況だ。この中野サンプラザの軌跡から話を始めよう。

◎中野サンプラザの歴史

　中野サンプラザは、中野駅北口すぐにある。1973年、雇用・能力開発機構（当時は雇用促進事業団）により、勤労者福祉施設として建設され、「全国勤労福祉会館」が正式名称であった。ミュージシャンやアイドルのコンサート会場として有名だが、ホテル、結婚式場、スポーツ施設、レストラン等も備えた大型の複合施設である（**写真1-1**）。

　中野区公式ホームページによれば、2002年に雇用・能力開発機構から中野区に譲渡についての打診があった。折しも、雇用保険を使って全国に建設された2000カ所以上の勤労福祉施設が、特殊法人改革の一環として廃止され、非常な安値で売却されたため、「投げ売り」として社会問題化した時期でもあった。

（筆者撮影）
写真1-1　中野サンプラザ

第1章　公共施設等の整備・運営事業を取り巻く環境

◎中野サンプラザの民営化へ向けた事業の経緯

　2004年2月、中野サンプラザ取得・運営等事業に関する実施方針が公表され、同年3月に提案競技募集要項が公表された。この時期に、私は知人を介して、地元企業主体のコンソーシアムの提案書づくり及びコンサルティングの業務依頼を受けた。

　仕事を引き受けた最大の理由は、私事ではあるが、中野サンプラザで結婚式を挙げたご縁と愛着があったからである。また、この業務依頼の数カ月前に会社を興したばかりで、本格的にPPP-PFI関連事業に取り組むきっかけとなったのが、この仕事だ。

　コンソーシアムは、会計システム、婚礼場運営、フィットネスクラブ運営、不動産、外車販売等に関わる地元の会社5社で構成されていた。事業スキームは、図1-1に示す通りである。

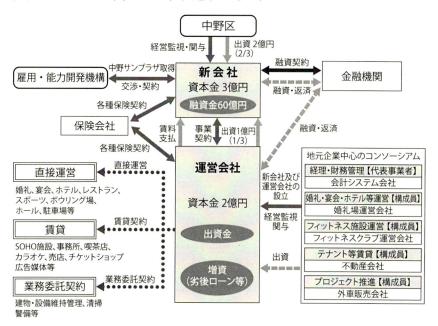

図1-1　中野サンプラザ事業スキーム

いずれの会社も提案書づくりは未経験であった。そのため、婚礼場運営会社の一室を借りて、約2カ月間詰めて提案書づくりを行った。地元企業の各メンバーは、いずれも経営陣の方々であり、日中は本業が忙しいため、夕方から夜にかけてヒヤリングをして翌日の日中までにまとめて書き込み、また夕方に確認とヒヤリングを行うという日々の繰り返しであった。

　当時は会社立ち上げ時で、私一人でコンサルタントを行っていたため、文章の作成から校正及び図表の作成から修正までを自分自身でこなすことになり、A3サイズで36枚の提案書を仕上げた。

　公募の条件には、①10年間の公共利用、②雇用希望職員の全員雇用、③中野区2億円、民間事業者1億円の出資による所有会社としての第三セクターの設立、④民間事業者は公共性のある運営を行う——等があった。

　提案書には、地域との共存共栄を前面にした明快なコンセプトに基づき、①運営面におけるマーケティング戦略の見直し、②宴会場の縮小と予約サロンの設置、③SOHO事業者の誘致、④レストランの改修、⑤責任が明快な組織体制——等の内容を盛り込んだ。

◎地元企業グループが優先交渉権を獲得

　提案書の提出は5月に締め切られた。地元企業グループと大手不動産会社グループの2社が提出したが、①中野区とのリスク分担、②10年後の再整備に対する提案、③資金調達の実現性——等の内容において、いずれも優先交渉権を付与すべきレベルにないと評価された。その後、6月に再公募され、7月に締め切られた。地元企業グループにおいては、新たに政府系金融機関を加えたことが功を奏し、「都市銀行と信用金庫等の金融団による資金調達の仕組みや再整備へのプロセスについての改善がみられる」として、優先交渉権を獲得した。

　2004年8月には、地元企業グループと基本協定が締結され、9月には、雇用・能力開発機構と所有会社の株式会社まちづくり中野21が、中野

サンプラザの売買代金約53億円で、売買契約を締結した。12月からは、地元企業グループにより設立された株式会社中野サンプラザが、運営を開始したのである。

◎所有会社と運営会社の分離によるガバナンス機能

中野サンプラザ取得・運営事業は、施設の所有会社（プロパティ・カンパニー）と運営会社（オペレイティング・カンパニー）を分離し、中野区によるモニタリング等を通じてガバナンス機能を発揮させるというPPPの先進的な取り組みであったといえる。運営開始から数年間、PPPの成功例として、各地方自治体から脚光を浴びていた。

◎地元企業グループのトラブル発生と中野区中心の新たな仕組みづくり

私は、中野サンプラザが地元企業グループによって、順調に運営開始されたのを契機に本事業から手を引いた。というのも、とある大手商社から、公立病院を中心にPFI事業の提案書づくり及びコンサルティングの業務依頼を受け、多忙となっていたからである。

しかしながら、2007年、中野サンプラザの運営を担っていた地元企業グループ内でのリース契約に絡むトラブル等がマスコミ報道され表面化。中野区は新たな仕組みづくりへの変更を余儀なくされた。

そこで、旧運営会社が保有していた株式を中野区が取得し、中野サンプラザの所有会社は、中野区が全額出資する会社となった。さらに、所有会社が全株式を取得する新運営会社を設立して、中野サンプラザを運営するために必要な人材や資産を移行し、子会社として運営を継続することになった。

◎中野サンプラザの今後について

中野サンプラザは、設立後45年が経過したが、今も「中野の顔」として地域に愛されている。私にとっても、特別な思いがある施設だ。周

辺には、「サブカルチャーの聖地」といわれる「中野ブロードウェイ」や近年再開発された、オフィスビル、公園、大学等が集積した「中野四季の都市（まち）」もある。再整備に当たっては、区民との対話や議論を積み重ね、区民に支持される姿になっていくのを見守りたい。

1-2 公共事業の入札・公募をめぐる動き

◎公共事業とは何か

　本題に移ろう。本書で取り上げるのは、公共事業に関わる事柄が中心となる。そこで、まず、公共事業とは何か、の基本部分を押さえておこう。公共事業とは「国、地方自治体、特殊法人等が主体となって財・サービスを提供する事業」といえよう。市場に全て委ねてしまうと、適切な量の供給が見込めない財・サービスが、その主な実施対象だ。

　さらに、民間事業者が財・サービスの提供に何らかの形で関わることが公共事業の必要条件となる。

　民間事業者が関わる際、どの事業者に仕事を任せるか、その選定作業が必要になる。従来、選定作業の多くは競争入札という仕組みのうえで行われてきた。これは、発注者（国・地方自治体等）が複数事業者の「入札価格＝いくらで受注するか」をはじめとする入札内容を比較検討して、受注先を決定するものである。近年は、入札価格だけでなく事業者からの提案内容をあわせて総合的に検討することが多くなっている。

◎公共事業の入札案件の変遷

　ここで、時代とともに入札案件がどう変遷してきたか、入札をめぐる趨勢やトピックスを見てみよう。

　1994年、「公共工事の入札・契約手続きの改善に関する行動計画」が

閣議了解される。90年代初め、埼玉県発注工事に係る入札談合、宮城県や茨城県の知事が逮捕されるゼネコン汚職事件等の不祥事が相次ぎ、一方で、諸外国からの我が国建設市場への参入要望の高まりを踏まえての措置となる。

　行動計画では、その目的を「我が国の公共事業の入札・契約手続を、より透明性・客観性及び競争性の高いものへと改革するとともに、内外無差別の原則の一層の徹底と併せて国際的に見てもなじみやすいものへと改革することにある」と記述し、調達方式や調達手続きの詳細に言及している。国レベルの公共調達制度の90年ぶりの大改革、と評する向きもある。

　2001年、「公共工事の入札及び契約の適正化の促進に関する法律（入札契約適正化法）」が施行される。同法では、工事を発注する各省庁や地方自治体に、透明性の確保、公平な競争の促進、適正な施工の確保等を求めている。また、入札・契約に関する情報公開を義務づけ、発注者が取り組むガイドラインとして、一般競争、指名競争等、入札・契約方法の改善、入札のIT化推進等をうたっている。

　2005年には「公共工事品質確保法（品確法）」が施行される。品確法では、公共工事の調達方法について、従来の「価格のみの競争」から「価格と品質」の両面での競争に転換することを明示している、価格のみの競争が、「低価格受発注の横行＝公共工事の品質不安」を招いたことに対処したもので、同法施行が、価格競争型と呼ばれる従前の落札方式から総合評価落札方式へのシフトを促し、今日に至っている。

◎品確法の一部改正

　図1-2は2014年に施行された「品確法の一部を改正する法律」の概要を示している。ダンピング受注、行き過ぎた価格競争、現場の担い手不足、発注者のマンパワー不足、受発注者の負担増大…等、さまざまな背景を踏まえて「インフラの品質確保とその担い手の中長期的な育成・

背景
○ダンピング受注、行き過ぎた価格競争
○現場の担い手不足、若年入職者減少
○発注者のマンパワー不足
○地域の維持管理体制への懸念
○受発注者の負担増大

▶2014.4.4 参議院本会議可決（全会一致）
▶2014.5.29 衆議院本会議可決（全会一致）
▶2014.6.4 公布 施行

目的 インフラの品質確保とその担い手の中長期的な育成・確保

改正のポイントⅠ：目的と基本理念の追加

- 目的に、以下を追加
  - 現在及び将来の公共工事の品質確保
  - 公共工事の品質確保の担い手の中長期的な育成・確保の促進
- 基本理念として、以下を追加
  - 施工技術の維持向上とそれを有する者の中長期的な育成・確保
  - 適切な点検・診断・維持・修繕等の維持管理の実施
  - 災害対応を含む地域維持の担い手確保へ配慮
  - ダンピング受注の防止
  - 下請契約を含む請負契約の適正化と公共工事に従事する者の賃金、安全衛生等の労働環境改善
  - 技術者能力の資格による評価等による調査設計（点検・診断を含む）の品質確保　等

改正のポイントⅡ：発注者責務の明確化

- 担い手の中長期的な育成・確保のための適正な利潤が確保できるよう、市場における労務、資材等の取引価格、施工の実態等を的確に反映した予定価格の適正な設定
- 不調、不落の場合等における見積り徴収
- 低入札価格調査基準や最低制限価格の設定
- 計画的な発注、適切な工期設定、適切な設計変更
- 発注者間の連携の推進　等

各発注者が基本理念にのっとり発注を実施

効果
- 最新単価や実態を反映した予定価格
- 歩切りの根絶
- ダンピング受注の防止　等

改正のポイントⅢ：多様な入札契約制度の導入・活用

- 技術提案交渉方式
  →民間のノウハウを活用、実際に必要とされる価格での契約
- 段階的選抜方式（新規参加が不当に阻害されないように配慮しつつ行う）
  →受発注者の事務負担軽減
- 地域社会資本の維持管理に資する方式（複数年契約、一括発注、共同受注）
  →地元に明るい中小業者等による安定受注
- 若手技術者・技能者の育成・確保や機械保有、災害時の体制等を審査・評価

法改正の理念を現場で実現するために、
- 国と地方公共団体が相互に緊密な連携を図りながら協力
- 国が地方公共団体、事業者等の意見を聴いて発注者共通の運用指針を策定

（「公共工事の品質確保の促進に関する法律の一部を改正する法律」（2014年6月4日公布・施行）より作成）

図1-2　公共工事の品質確保の促進に関する法律の一部を改正する法律

確保を目的にする」のが改正の趣旨だ。

　品確法の施行から10年弱での、ダンピング等を理由とする法改正は、その間、依然として低価格受注が続いていたことの証左ともなろう。

　国土交通省では法改正の3つのポイントとして「目的と基本理念の追加」「発注者責務の明確化」「多様な入札契約制度の導入・活用」――を挙げている。そのうち発注者責務としては、予定価格の適正な設定、発注者間の連携の推進等を指摘。入札契約制度に関しては、民間のノウハウを活用する技術提案交渉方式や、受発注者の事務負担軽減につながる段階的選抜方式を勧めている。

◎ECI方式の導入

　一連の法改正が引き金となり、公と民の新たな枠組み、役割分担の下で、効果的、効率的な公共事業を成し遂げようといった動きが各方面で広がっている。その一例として、施工者独自の高度で専門的なノウハウや工法を活用するためのECI（Early Contractor Involvement、アーリー・コントラクター・インボルブメント）方式の普及を挙げられよう。

　ECIは一般的な「工事の施工のみを発注する方式」と異なり、設計段階から施行者が関与する方式。契約に基づき施工者（優先交渉権者）が設計への技術協力や見積もりを行い、施工の契約は別に結ぶ形態で、新国立競技場工事でも採用されている。上記の品確法改正で触れている技術提案交渉方式に該当するものともなる。

　こうした公共事業の入札・公募をめぐる動きの中でも、「最大のキーワード」となるのがPPP-PFIだ。次節でPPP-PFIを掘り下げる。

1-3 PPP-PFIの歩みと今日

◎ PPP-PFI発祥の地である英国

　PPP（Public Private Partnership、パブリック・プライベート・パートナーシップ＝公民連携、官民連携）とPFI（Private Finance Initiative、プライベート・ファイナンス・イニシアティブ＝民間の資金、ノウハウを活用する公共事業）。セットで語られることの多いこの2つについて、まず、歴史を紐解いてみよう。どちらもルーツをたどると英国に行き着く。

　両者のうち、先行したのはPFIの方だ。1980年代のサッチャー政権の時。英国は60年代から70年代にかけ財政難が続き英国病（イギリス病）に陥ったとして、マーガレット・サッチャー（Margaret Thatcher）は、その病を治す処方箋として民営化の推進、小さな政府の実現を打ち出した。

　具体策の1つとして考案したのがPFIである。ただ、PFIの導入が実際に始まったのは、サッチャー政権を引き継いだジョン・メージャー（John Major）政権が誕生した後の1992年からとなる。

　一方、PPPは、保守党のメージャー政権が選挙に敗れ、労働党ブレア政権に交代した1997年がその起点となる。ブレア政権は、保守党政権下における民営化やPFIを検証し、新たにPPPという概念を提唱した。PPPは官業への経営手法の導入、民間所有との併存、PFI手法の活用等、広範囲をカバーするもので、90年代後半に欧米各国に広まった。

　PFIを検証した労働党ブレア政権は、保守党政権が「できる限り民間に委ねる」あるいは「公的部門から民間部門へリスクを移転する」という考え方だったのに対し、「公的部門と民間部門のリスクの最適負担を目指す」に変化したとの分析もなされている。

◎英国におけるPFIの現状と新たな事業手法PF2の導入

　英国では、1997年の発足から2000年代前半まで、PFIの事業数と規模は増大したが、2008年にはリーマン・ショックに伴う世界金融危機の影響を受け、事業数は激減した。また、各地の公立病院PFIにおける赤字増大や業務品質の低下、高速道路契約における高額なアドバイザリー費用、民間資金の借り換えや株式売却に伴う過剰利益等から、PFIに対する批判が強まっていった。2010年に発足したキャメロン政権では、PFIに対する批判に応えるべく、抜本的改革が行われることになった。2012年に、英国財務省が「A new approach to public private partnership」を発表し、PF2（Private Finance Two、プライベート・ファイナンス・ツー）が導入されることとなった。

　PF2は、これまでのPFIの反省を踏まえ、SPC（Special Purpose Company、特別目的会社）に公共側が一部出資することによるモニタリング強化、入札期間の短縮、選定手続きの透明性確保等の方策が示された。

◎日本における第三セクター方式の挫折

　日本では、PFIの導入以前に、バブル期から1990年代前半にかけて、公共側と民間側の共同出資による「第三セクター」が数多く設立され、観光やレジャー施設の分野で顕著となった。

　しかしながら、宮崎県のシーガイア（2001年会社更生法の適用を申請）や長崎県のハウステンボス（2003年会社更生法の適用を申請）等の大型観光施設が経営破綻状態に陥った。その後も、全国各地において、財務状態が悪化している第三セクターは後を絶たない。

　その要因としては、事業計画の曖昧さや経営効率の低さ等が挙げられている。地域が抱える課題を一発で解決しようとバラ色の無理な計画を立ててしまう傾向が強いのではないか。

また、公共側からは事業経験の乏しい人が役員として送り込まれ、制度制約に縛られマーケットを無視した合意形成がなされてしまう。さらに、事業責任の所在が不明確なまま、資金調達や損失が出た場合の補填について、地方自治体まかせとなってしまうところが多いと感じる。

　英国におけるPF2は、現在日本ではあまり普及していないが、官民共同出資の事業においては、この第三セクターの挫折からの教訓を生かしていく必要があるであろう。

◎日本版PFIの導入

　日本におけるPFIの歴史としては、「民間資金等の活用による公共施設等の整備等の促進に関する法律（PFI法）」が定められた1999年がPPP-PFI元年となるだろう。

　PFI法では、「この法律は、民間の資金、経営能力及び技術的能力を活用した公共施設等の整備等の促進を図るための措置を講ずること等により、効率的かつ効果的に社会資本を整備するとともに、国民に対する低廉かつ良好なサービスの提供を確保し、もって国民経済の健全な発展に寄与することを目的とする」とうたっている。

　PFI法は制定後、幾度となく改正されている。2001、2005、2011、2013、2015年、2018年と数年ごとに手が加えられている格好だ。よくいえば「進化を続けるPFI法」なのかもしれない。

　なぜ、改正が必要なのか。その答えは、法律の守備範囲が広くて深いから、社会経済情勢の変化と密接に関わるから、そもそもデリケートな公と民の連携・協働がテーマだから──等いくつも挙げられる。英国で保守党から労働党への政権交代に伴いPFIが見直されたように、政治色の影響も見過ごすことはできないであろう。

◎PPPとPFI

　国も地方自治体も金がなく、アイデアにも乏しい中で、いかに公共事

業を遂行するか…。そんな問題意識から生まれた PPP-PFI について、ここで改めて整理しておこう。要約すると以下のようになる。

PPP：公民が連携して公共サービスの提供を行うスキーム。PFI は、PPP の代表的な手法の 1 つ。PPP の中には、PFI、指定管理者制度、市場化テスト、DBO（Design Build Operate、デザイン・ビルド・オペレート）方式、さらに包括的民間委託、自治体業務のアウトソーシング等も含まれる。
PFI：公共施設等の設計、建設、維持管理及び運営に、民間の資金とノウハウを活用し、公共サービスの提供を民間主導で行うことで、効率的かつ効果的な公共サービスの提供を図るという考え方。PFI は小さな政府、民営化等、行政財政改革の流れの 1 つとして捉えられるもので、VFM（Value For Money、バリュー・フォー・マネー）が PFI の基本原則となる。

　上記の要約はいずれも日本 PFI・PPP 協会のホームページから抜粋した。PFI の基本原則とする VFM に関しては『一定の支払いに対し、最も価値の高いサービスを提供するという考え方。これからの公共サービスは、より質が重視されるものと考えられ、必ずしもコストの低い事業者のものがよいということではない。また、PFI 事業による公共サービスの提供は長期にわたるので、事業が開始された後の維持・管理またモニタリングといったものが、本当の意味で VFM を計る大きな要素となる』と解説している。

◎ PFI の実施状況

　図 1-3 は、これまでの PFI 事業の実施状況として、1999 〜 2017 年度における事業数及び契約金額の推移（累計）を示している。事業数、金額ともコンスタントに増加しているが、ここ数年は事業数が増える傾向

にあり、毎年50〜60件程度が実施されている。

　また、規制緩和、市場開放を掲げた小泉内閣（2001〜2006）とそれに続く自民党政権（2006〜2009）や、アベノミクスを打ち出した第2次安倍内閣（2012〜）の時の方が、民主党政権時代（2009〜2012）より事業数、金額とも多いのが読み取れる。

　図1-4、1-5は、2018年3月末時点での合計666件のPFI事業について、分野別と都道府県別の切り口でそれぞれ分類したもの。分野別では、教育と文化（社会教育施設、文化施設等）、まちづくり（道路、公園、下水道施設、港湾施設等）、健康と環境（医療施設、廃棄物処理施設、斎場等）──の3つで全体の70％以上を占めている。

　都道府県別では、関東、関西、中部、北九州の大都市圏が他地域より大きな数字となっているが、突出した数値ではなく、PFI事業が全国各地域に普及していることがうかがえる。

図1-3　PFI事業の実施状況　事業数及び契約金額の推移（累計）

第1章 公共施設等の整備・運営事業を取り巻く環境

(2018年3月31日)

分野	事業主体別			合計
	国	地方	その他	
教育と文化（社会教育施設、文化施設 等）	3	179	38	220
生活と福祉（福祉施設 等）	0	23	0	23
健康と環境（医療施設、廃棄物処理施設、斎場 等）	0	105	2	107
産業（観光施設、農業振興施設 等）	0	12	0	12
まちづくり（道路、公園、下水道施設、港湾施設 等）	18	129	1	148
安心（警察施設、消防施設、行刑施設 等）	8	18	0	26
庁舎と宿舎（事務庁舎、公務員宿舎 等）	43	15	4	62
その他（複合施設 等）	7	60	1	68
合計	79	541	46	666

(注) 事業数は、内閣府調査により実施方針の公表を把握しているPFI法に基づいた事業の数であり、サービス提供期間中に契約解除又は廃止した事業及び実施方針公表以降に事業を断念しサービスの提供に及んでいない事業は含んでいない。
（「PFIの現状について」（内閣府PFI推進室2018年7月）より作成）

図1-4　PFI事業の実施状況　分野別実施方針公表件数

※括弧内は地方公共団体等の実施件数（内数）
※事業数は、内閣府調査により実施方針の公表を把握しているPFI法に基づいた事業の数であり、サービス提供期間中に契約解除又は廃止した事業及び実施方針公表以降に事業を断念しサービスの提供に及んでいない事業は含んでいない。
※この他、直轄駐車場維持管理・運営事業、在エジプト日本国大使館新事務所整備等事業、静止地球環境観測衛星の運用等事業、Xバンド衛星通信中継機能等の整備・運営事業、準天頂衛星システムの運用等事業、民間船舶の運航・管理事業がある。

（2018年3月31日現在）
（「PFIの現状について」（内閣府PFI推進室2018年7月）より作成）

図1-5　PFI事業の実施状況　都道府県別実施方針公表件数

◎公立病院 PFI の挫折

　診療報酬引き下げ等による医療費抑制政策が推進される中で、人件費等の高コスト構造にある地方自治体の病院の多くは、赤字経営に苦しんでいる。このような状況を改善するため、経営を効率化して財政負担の縮減と質の高いサービスの提供を実現させるべく、PFI が導入された。

　公立病院 PFI は、これまで 16 件が実施された。私もこのうちの半数以上の案件について、入札用の提案書づくりに携わってきたが、最近は公立病院 PFI が積極的に導入されることがなくなった。これには、公立病院 PFI の初期段階における、「高知医療センター PFI」（2005 年 3 月開院）と「近江八幡市立総合医療センター PFI」（2006 年 10 月開院）が当初期待された成果が得られず契約解除に至り、従来の直営方式に戻ってしまったことが少なからず影響を与えている。

　公立病院 PFI の特徴として、医療法や医師法等の制約から、診療に関わるコア業務は行政（病院）が担い、民間事業者の事業主体である SPC が担えるのは、①施設整備、②施設維持管理、③診療行為以外の関連支援サービスの提供等のノンコア業務に限定されている。

　さらに、行政側には、ガバナンス機能を担う管理部門と診療行為を担う医療現場の2つの部門が存在する。そのため、公立病院 PFI を円滑に進めるためには、三者間の密接なコミュニケーションと迅速かつ的確な合意形成が重要となる。

　契約解除を招いた2つの公立病院 PFI の問題点としては、①行政側の PFI に対する理解不足と過大な期待、②コア業務とノンコア業務の分離による官民間の連携不足、③長期契約の締結による弊害、④ SPC のマネジメント能力の不足、⑤モニタリングシステムやガバナンス等の制度設計の不備、⑥不適切な官民の役割分担等のリスク管理に対する認識不足、⑦大幅な赤字を招いた事業計画の不備——等が指摘されている。

　その後の公立病院 PFI においては、こうした問題点や課題を見直し、

改善を行いながら事業を継続している。東京都の多摩総合医療センター及び小児総合医療センターPFIにおいては、SPC事業者が「サービスプロバイダー」として、委託業務の統括機能と経営支援機能の両方を備えた総合マネジメント能力を発揮するよう求めている。

公立病院PFIの当初は、診療行為以外の関連支援サービスの提供を含む「運営型PFI」であったが、2014年以降に開院した長崎市新市立病院PFI、福岡市新病院PFI、大阪府立成人病センターPFIは、施設整備と施設維持管理の業務が主体の「施設整備型（いわゆる箱モノ）PFI」となっている。

1-4 注目のコンセッション方式

◎ PFI法の改正とコンセッション方式の導入

公立病院PFIの挫折のみならず、PFI事業の実務上の問題点や課題の顕在化、リーマン・ショック等に伴う景気低迷と地方自治体の一層の財政逼迫等の影響を受け、2009～2012年の民主党政権下においては、PFI事業は年間20件程度に減少し、事業規模の低迷状態が続いた。また、「運営型PFI」はなりをひそめ、「箱モノPFI」が主流を占めた。

一方で、国や地方自治体の厳しい財政事情の中、高度成長期に整備されたインフラの老朽化が進み、メンテナンスや更新の需要増加に対して民間の資金やノウハウを活用するとともに、インフラ分野の民間への市場開放によって経済を活性化していこうという動きが出てきた。

こうした背景の中で、2011年6月に、インフラの運営を民間事業者に認め、PFI事業の対象施設を拡大する方向でPFI法の改正が行われたのだ。

改正PFI法においては、「公共施設等運営権」という新たな制度に触

れている。これは、国や地方自治体等が施設の所有権を保持したまま、その運営権を民間事業者に設定（売却）し、経営を委託する手法であり、「コンセッション方式」と呼ばれている（英語のコンセッションには免許、特許、特権、土地使用権といった意味がある）。

◎コンセッション方式の仕組みとメリット

コンセッション方式は、公共施設等運営権を長期間にわたって民間事業者に付与することで、それまで事例の少なかった独立採算型PFIの拡大が期待されている。事業対象となるのは、主に利用料金の徴収を行う公共施設で、空港、水道、下水道、道路、文教施設、公営住宅の6分野が示されている。

図1-6はコンセッション方式の仕組みを模式図で表している。内閣府では、コンセッション方式の意義について「公的主体が所有する公共施設等について、民間事業者による安定的で自由度の高い運営を可能とすることにより、利用者ニーズを反映した質の高いサービスを提供できる」

- 利用料金の徴収を行う公共施設について、施設の所有権を公共主体が有したまま、施設の運営権を民間事業者に設定する方式（2011年PFI法改正により導入）
- 公的主体が所有する公共施設等について、民間事業者による安定的で自由度の高い運営を可能とすることにより、利用者ニーズを反映した質の高いサービスを提供

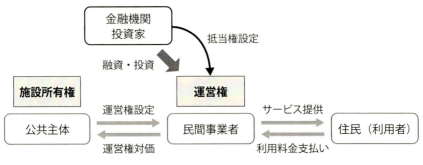

図1-6　コンセッション方式

旨を記している。

　公共側のメリットとして、運営権を設定（売却）することで運営権設定対価という収入が得られ、施設やインフラを所有したまま事業リスクを民間に移転できる。民間ノウハウの活用による効率的運用も期待できるとしている。

　一方の民間事業者側のメリットとして、新しい領域での事業機会が得られ、施設を所有しないために固定資産税等のコスト軽減が図れる。運営権を担保にした資金調達が可能になるということだ。

　うまく回れば、まさにWIN-WINの公民連携となるわけだが、コンセッション事業の成功ポイントとして、①公共側からの必要十分な情報開示、②マーケットサウンディングや競争的対話等による幅広く十分な官民対話、③官民の役割分担の明確化とモニタリングの実施――等が挙げられている。

　コンセッション方式の導入は日本のPPP-PFI事業を大きく変えつつあるだろう。それまでインフラ構造物の建設等といったハードウエア重視だったのが、施設の運営・維持管理といったサービスやソフトウエア部分に重きを置くように変化しているところだ。これを評して、PPP-PFI 1.0（第一世代）からPPP-PFI 2.0（第二世代）にステップアップしたと唱える識者もいる。

◎ PPP-PFIアクションプランによるコンセッション事業の拡大

　図1-7は内閣府の特別機関、民間資金等活用事業推進会議（PFI推進会議）が、2016年5月に策定した「PPP-PFI推進アクションプラン」の2018年6月改定版概要を表している。

　2017年6月改定版では、アクションプランにおいて、コンセッション事業の推進を大きく取り上げ、重点分野として、空港、水道、下水道、道路、文教施設、公営住宅の6分野に、クルーズ船向け旅客ターミナル施設、MICE施設（国際会議場や展示会場等の複合施設）の2分野を加

背景	今後多くの公共施設等が老朽化による更新時期を迎える中、公的負担の抑制に資するPPP-PFIが有効な事業はどの地方公共団体等でも十分に起こりうるものであり、良好な公共サービスの実現・新たなビジネス機会の創出も期待できるため、国及び地方は一体となってPPP-PFIの更なる推進を行う必要がある
改定のポイント	・改正PFI法で創設のワンストップ窓口制度、助言制度等の円滑な運用により、国の支援機能の強化を図る ・実施主体の経験や地域の実情に応じた支援・負担軽減策の検討等を通じ、実施主体の裾野拡大を図る ・空港をはじめとするコンセッション事業等の重点分野に公営水力発電・工業用水道を追加する

改定版概要	PPP-PFI推進のための施策		
	コンセッション事業の推進	実効性のあるPPP-PFI導入検討の推進	地域のPPP-PFI力の強化
	●コンセッション事業の具体化のため、重点分野における目標の設定 ●独立採算型だけでなく、混合型事業の積極的な検討推進 **公的不動産における官民連携の推進** ●地域の価値や住民満足度の向上、新たな投資やビジネス機会の創出に繋げるための官民連携の推進 ●公園や遊休文教施設等の利活用推進 ●公共施設等総合管理計画・固定資産台帳の整備・公表による民間事業者の参画を促す環境整備 ●特に市場性の低い地域での優良事例の成功要素抽出・横展開	●公共施設等総合管理計画・個別施設計画の策定・実行開始時期に当たる今後数年間において、国及び全ての地方公共団体で優先的検討規程の策定・運用が進むよう支援を実施 ●国及び人口20万人以上の地方公共団体における的確な運用、優良事例の横展開の具体的推進 ●地域の実情や運用状況、先行事例を踏まえ、人口20万人未満の地方公共団体への導入促進を図るよう、分かりやすい情報の横展開 ●PPP-PFIの経験の少ない地方公共団体や小規模の地方公共団体への実施主体の裾野拡大に向けて、実施主体の負担軽減策として、柔軟性・実効性のある検討・導入手法の検討	●インフラ分野での活用の裾野拡大 ●地域・ブロックプラットフォームを通じた具体的な案件形成、民間企業の参入意欲刺激 ●官民対話の普及推進（民間提案の積極的活用等） ●地元企業の事業力強化 ●PPP-PFI推進に資するデータの見える化推進 ●情報提供等の地方公共団体に対する支援 ●改正PFI法で創設のワンストップ窓口制度、助言制度等の運用による支援強化 ●先進的な地方公共団体の取組や組織設計等の分析・横展開、期間満了案件の検証 ●PFI推進機構の資金供給機能や案件形成のためのコンサルティング機能の積極的な活用
コンセッション事業等の重点分野	空港【6件達成】、水道【6件：～2018年度】、下水道【6件：～2017年度】、道路【1件達成】、文教施設【3件：～2018年度】、公営住宅【6件：～2018年度】、クルーズ船向け旅客ターミナル施設【3件：～2019年度】、MICE施設【6件：～2019年度】		
事業規模目標	21兆円（2013～2022年度の10年間） コンセッション事業7兆円、収益型事業5兆円（人口20万人以上の各地方公共団体で実施を目指す）、公的不動産利活用事業4兆円（人口20万人以上の各地方公共団体で2件程度の実施を目指す）、その他事業5兆円		
PDCAサイクル	毎年度のフォローアップと事業規模や施策の進捗状況の「見える化」、アクションプランの見直し		

（内閣府の資料より作成）

図1-7　PPP-PFI推進アクションプラン（2018年改定版）の概要

えている。2018年6月改定版では、さらに公営水力発電、工業用水道の2分野を追加して合計10個を重点分野に設定している。

事業規模の目標としては、2013年から2022年までの10年間に、21兆円の達成を挙げている。また、国や人口20万人以上の地方公共団体等において、速やかにPPP-PFI導入の優先的検討規程を策定し、的確な運用を行うことが求められている。加えて、地域・ブロックプラットフォームを通じた具体的な案件の形成、民間企業の参入意欲刺激、官民対話の普及推進、地元企業の事業力強化等も同様に求められている。

◎ PFI事業におけるBTO、BOTとは

ところで、民間の資金・ノウハウに基づくPFI事業は、施設の所有権が公民のどちらにあるのか、どのタイミングで所有権が移転するのか等によって、いくつかの方式に分類されている。主な方式は次の通り。

BTO（Build Transfer Operate＝建設・移転・運営）：施設の建設を民間が担い、完成後は所有権を公共側に移転し、その後の一定期間、運営を同一の民間事業者に委ねる方式。

BOT（Build Operate Transfer＝建設・運営・移転）：民間が施設を建設し、そのまま所有したうえで施設を運営し、契約期間終了後に公共側へ所有権を移転する方式。

BOO（Build Own Operate＝建設・所有・運営）：民間が施設を建設し、そのまま所有したうえで施設を運営し、契約期間終了後も民間が施設を所有し続ける方式。

いずれも、よく似たアルファベット3文字で区別がつきづらいが、覚えておいて損はない。所有権を保持することはリスクを負うことなので、民間事業者にとって3つのうち一番ハイリスクなのはBOOで、以下、BOT、BTOの順番となる。

また、公共側のリスクの大きさは、民間の正反対なので、BTOが最もリスキーでBOT、BOOと続くことになる。コンセッション方式は、独立採算型のBTOの一形態と位置付けられよう。

◎総合評価一般競争入札と公募型プロポーザル方式

PFI事業に限らずDBO案件（DBOの詳細は後述）においても、事業者選定の発注方式として「総合評価一般競争入札方式」または「公募型プロポーザル方式」がある。

総合評価一般競争入札方式とは、一般競争入札方式の1つであり、事業者の提案内容によって事業の成果に差異が生じることが期待できる場合に適用され、価格だけでなく提案内容等を含め総合的に評価して落札者を決定する。

契約締結までの期間が短くできるというメリットはあるが、原則として、落札者の入札金額や提案内容の変更はできず、交渉不調の場合には再入札となってしまう。

公募型プロポーザル方式とは、事業者の提出した提案内容に基づいて詳細仕様を作成する方が優れた成果を期待できるという場合に適用され、随意契約に分類される。すなわち、随意契約の交渉相手を選定するための予備的手続きともいえる。

公募により提案を募集し、評価基準に従って優先順位を決めた後、最優先順位の事業者（優先交渉権者）と契約の細部を詰める交渉を行ってから契約する方式だ。優先交渉権者との交渉が可能であり、交渉不調の場合には、次の順位者（次点交渉権者等）と交渉して契約することができる。

◎マーケットサウンディングと競争的対話

PPP-PFI事業を、目的や役割等、立場の異なる官と民が連携して円滑に行っていくことは簡単なことではない。そうした中で官民間のコ

ミュニケーションは重要性が増しており、近年、マーケットサウンディングや競争的対話等が注目されている。

マーケットサウンディングとは、PPP-PFI事業の事前調査段階において、発注者側が民間事業者から当該事業についての意見聴取や意見交換を行うことである。民間事業者としては、自分たちの意見や提案が反映されることがあるので、おざなりにせず積極的に参加した方がよい。

競争的対話とは、欧州連合（EU）加盟国の調達方式として2004年の新EU指令で設けられた、「競争的対話方式」（Competitive dialogue）という契約方式を日本に導入したものである。Competitive dialogueを直訳したものであるが、官と民が競争するということではない。

競争的対話は、公募期間中の提案書提出前に、発注者側と民間事業者との間で実施されるもので、公募資料の内容についての質疑応答や意見聴取が行われる。民間事業者としては、書面のやり取りだけでは伝わってこない発注者側の意図を理解する機会でもあるので、必要に応じて資料を用意しておく等の対応が望ましい。

1-5 指定管理者制度とは

◎地方自治法改正により導入された指定管理者制度

公民連携を意味するPPPにはPFI以外にもいくつもの制度、方式がある。その1つとなる指定管理者制度は、2003年の地方自治法改正に伴い、「住民サービスの向上」と「行政コストの縮減」の両立を図ることを目的として創設されている。その後3年間の経過措置を経て、2006年9月から本格的に実施された。

それまで、管理委託制度の名の下、「公の施設」（地方自治法では、「公共施設」とは呼ばず、「公の施設」と定義されている）の管理を外部に

委ねる場合、委託先は公共的団体、いわゆる外部団体に限定されていた。それを民間事業者やNPO法人でも受託できるようにしたのが指定管理者制度である。

　2001年に発足した小泉政権は「民でできるものは民へ」の基本姿勢を打ち出して、公共サービスの質の維持向上・経費節減等を民営化により成し遂げようとした。その一環として具体化したのが同制度。管理者を決める手続きとしては、総合評価方式やプロポーザル方式等、各地方自治体が定める条例に従って選定する。

　「公の施設」とは、地方自治法において「住民の福祉を増進する目的をもってその利用に供するための施設」と定義されている。主な対象施設だけでも、レクリエーション・スポーツ施設（競技場、野球場、体育館、テニスコート、プール、スキー場、ゴルフ場、海水浴場、国民宿舎、宿泊休養施設等）をはじめ、産業振興施設（産業情報提供施設、展示場施設、見本市施設、開放型研究施設等）、基盤施設（駐車場、大規模公園、水道施設、下水道終末処理場、ケーブルテレビ施設等）、文教施設（県・市民会館、文化会館、博物館、美術館、自然の家、海・山の家等）、社会福祉施設（病院、特別養護老人ホーム、介護支援センター、福祉・保健センター等）と実に幅広い。

◎指定管理者制度の導入状況

　総務省では、公の施設において指定管理者制度がどれだけ導入されているかを過去何回か調査している。図1-8は2015年4月1日時点での導入状況を、施設区分別（レクリエーション・スポーツ施設、産業振興施設等）に、また指定管理者の種別（株式会社、特例民法法人、NPO等）に分類しまとめたものだ。

　それによると、導入施設の総数は7万7000余り。区分別で一番多いのは基盤施設（全体の33.5％）で、以下、文教施設（20.6％）、レクリエーション・スポーツ施設（19.6％）と続く。種別では特例民法法人等が

第 1 章　公共施設等の整備・運営事業を取り巻く環境

(単位：施設、％)

区分＼種別	株式会社	特例民法法人、一般社団・財団法人、公益社団・財団法人等	地方公共団体	公共的団体	地縁による団体	特定非営利活動法人	これら以外の団体	合計
レクリエーション・スポーツ施設	4,893 (32.2%)	4,592 (30.3%)	82 (0.5%)	973 (6.4%)	860 (5.7%)	1,543 (10.2%)	2,235 (14.7%)	15,178 (19.6%)
産業振興施設	1,737 (26.1%)	869 (13.1%)	10 (0.2%)	1,439 (21.6%)	1,221 (18.3%)	207 (3.1%)	1,172 (17.6%)	6,655 (8.6%)
基盤施設	6,374 (24.6%)	10,270 (39.6%)	105 (0.4%)	1,456 (5.6%)	2,410 (9.3%)	286 (1.1%)	5,013 (19.3%)	25,914 (33.5%)
文教施設	1,405 (8.8%)	2,403 (15.1%)	30 (0.2%)	1,047 (6.6%)	9,117 (57.3%)	661 (4.2%)	1,247 (7.8%)	15,910 (20.6%)
社会福祉施設	589 (4.3%)	1,546 (11.3%)	12 (0.1%)	7,649 (55.9%)	2,247 (16.4%)	828 (6.1%)	814 (5.9%)	13,685 (17.7%)
合計	14,998 (19.4%)	19,680 (25.4%)	239 (0.3%)	12,564 (16.2%)	15,855 (20.5%)	3,525 (4.6%)	10,481 (13.6%)	77,342 (100.0%)

※種別については複数回答可　　　　　　　　　　　　　　　　　　(2015年4月1日時点)
(「公の施設の指定管理者制度の導入状況等に関する調査結果」2016年3月総務省自治行政局行政経営支援室より作成)

図 1-8　指定管理者制度の導入状況

25.4％で最も多く、株式会社は19.4％と約2割を占める。

　総務省では、図1-8の種別「特定非営利活動法人」「これら以外の団体」に含まれるNPO、学校法人、医療法人と「株式会社」を「民間企業等」と総称し、その合計が37.5％に達することから「約4割の施設で民間企業等が指定管理者になっている」と指摘している。

　この37.5％を、2012年4月1日時点の調査結果と比較して、「前回調査の33.2％から4.3ポイント高まっている」と、2012～2015年の3年間での民間シフトの進展ぶりにも触れている。

◎指定管理者の取り消しの状況

　総務省の2015年4月1日時点の調査では、指定管理者の指定取り消し事例に関しても調べている。その中で、2012～2015年の3年間で指定を取り消した約700件の取り消し理由に触れている。

　一番多い理由は「施設の休止・廃止」で全体の約30％を占める。以下、「指定管理者の合併・解散」「施設の民間等への譲渡」「指定管理者の経

営困難等による撤退」の3つが、ほぼ同じ水準（15～18％）で続く。
　これら各事例はケースバイケースの多様な事情を抱えているので、取り消し事例すべてをネガティブに捉えることはできないが、なぜ、経営困難に陥ったか等を綿密に検証し、失敗事例を反面教師とすることが求められよう。

◎指定管理者制度の今日的課題

　指定管理者制度には、多様化する住民ニーズに応えて、公共施設のサービス向上・利用者の利便性向上と、地方自治体等の経費節減の一石二鳥が図れるメリットがある。ただ、一石二鳥を首尾よく成し遂げる上での課題、障害は少なくない。
　PFIと指定管理者制度との大きな違いは何か。それは、PFIでは公共施設の建設から運営・維持管理まで一括して民間に委ねるとともに、国のPFI法に基づく制度設計が行われるのに対し、指定管理者制度では、民間が携わるのは施設の管理運営業務のみであり、制度設計や運用基準は基本的に地方自治体に委ねられている点にある。
　指定管理者制度においては、公募時に行政側の期待するサービス水準を明示するとともに、民間事業者側の創意工夫が発揮されるようにしていくことが重要である。また、管理運営の開始後には、行政側のガバナンス機能を発揮して、モニタリング等を通じて、民間事業者の履行状況を把握しながらサービスの質を維持していくことが求められるのだ。
　ところで、公募段階において、従来の競争入札の延長からコスト面が過度に重視されるあまり、館長を除いてはスタッフがすべてパートやアルバイトという雇用形態をとり、サービスの質の低下や雇用条件の悪化を招くケースが時折、生じている。
　また、選定時の地方自治体側からの無理難題の要求をはじめ、地方自治体職員の天下り先の外郭団体が"出来レース"で指定管理者に選定される、指定期間の短さが人材育成や設備投資の足を引っ張る、弾力性や

柔軟性に富む施設運営という本来の趣旨・目的が、条例、施行規則等に阻まれ実行できない——等々のハードルの指摘もある。

　地方自治体側の選定方法の透明性の確保にも課題は残る。件数が多いことに起因するのかもしれないが、選定結果のみ公表して、選定理由や審査講評は明らかにしない地方自治体が少なくないのだ。

　一方、民間事業者側にも問題はある。何らかの方法で他社の提案書を入手して考えなしに真似をするとか、提案書の作成を社外に丸投げしてしまうといったケースが散見される。このようなことは、コンプライアンス上の疑義が生じたり、自社の強み・持ち味を発揮しようとするモチベーションの低下につながったりすることから、極力、避けるべきであろう。

1-6　その他のPPP関連事業

　ここまで、PPPの"主役"となるPFIとその一形態のコンセッション方式、指定管理者制度について述べてきた。以下、主役の脇をかためる市場化テスト、包括的民間委託、DBOの各手法・方式を見ていこう。

◎市場化テストとは

　市場化テストとは、小泉政権時代に公共サービスの質の維持向上と経費削減を目的として2006年「公共サービス改革法」で導入された。国や地方自治体、独立行政法人が運営してきた公共サービスについて、民間事業者も担い手になれるよう、官と民が対等な立場で競争入札をし、価格と質の両面で最も優れた入札者が落札する「官民競争入札制度」である。

　市場化テストにより民間事業者が運営することになった案件として

は、厚生労働省関連ではハローワーク関連事業や国民年金保険料の収納事業があり、独立行政法人関連では中小企業大学校の研修業務等、東京国立博物館の展示場における来館者応対等業務、国立科学博物館の施設管理・運営業務等が挙げられる。ただ、これらには国や地方自治体、独立行政法人は入札せず、民間事業者だけが入札をした特例的な市場化テストとなる。

　市場化テストは、仕事を奪われてしまうのではないかという官側の抵抗の強さもあり、現在あまり普及していない。また、同じ省庁で発注者と応札者の二役となる矛盾や、官側が入札で負けた際の公務員の処遇とともに、民間事業者が公共サービスの担い手となった場合、利潤追求から弱者切り捨ての面が出て真の公共サービスから乖離してしまうのではといった懸念が示されている。

　一方、近年、入札条件の厳しさ等から、入札者がゼロあるいは1グループの案件が増えているのも改善ポイントと指摘されている。

◎包括的民間委託とは

　包括的民間委託は、その名の通り、施設の運転管理や保守点検、修繕・改良等を個別的にではなく包括的に民間事業者に委託する方式。さらに運転・維持管理の詳細については民間事業者の裁量に任せる「性能発注」という発注スタイルが取られ、下水道施設やゴミ処理施設での導入実績が増えている。

　「性能発注」は「仕様発注」の対語となる。発注サイドが、事業に求める「性能」のみを規定して、その対応仕様は事業者に提案させるのが「性能発注」である。一方、発注サイドが、技術方式は○○、材料は××を使用するといった具合に仕様書を作成したうえで発注をかけるのが「仕様発注」である。

　両者を比べると、性能発注の方が発注における公共サイドの関与度が小さく、その分、民間事業者は柔軟かつ主体的に事業に取り組めること

◎ DBO（デザイン・ビルド・オペレート）方式とは

　PFIに類似した事業方式のDBO方式は、ごみ焼却施設や上下水道施設等の事業案件で示されることが多い。デザイン・ビルド・オペレート、つまり設計、建設と運営・維持管理を民間事業者に委託し民間の機能を活用するという点では、PFIと同様の事業方式であるが、公共サイドが資金調達を行うという点がPFIと異なる。

　公設民営の1つと位置づけられ、施設の設置主体は公共であることから、最終的な責任の所在を明確にしつつ、民間活力を導入できる点が特徴となる。

　公共サイドにとっては、設計、建設、運営・維持管理を一括委託することにより、トータルコストを縮減でき、一方、民間事業者にとっては、建設費等の初期投資をすることなく長期の運営業務を受託できるのが、それぞれの利点となる。ごみ処理施設整備・運営事業に特に向いており、その方面での導入実績が積み上がっている。

　以上、さまざまなPPPの手法・方式を取り上げたが、その他、設計と施工を一括発注するDB（デザイン・ビルド）方式や、地方自治体窓口業務等のアウトソーシング（外部委託）もPPPの一形態と捉えられよう。

1-7 総合評価落札方式の変遷と現状

◎価格のみでなく費用対効果が重視される時代へ

　日本の公共事業の入札方式は「価格のみの競争」から、費用対効果を重視した「価格と品質」の両面での競争へと大きく舵を切ってきた。価

格競争型から総合評価落札方式への転換である。品質を判断する材料としては、施工能力（施工実績、配置予定技術者の能力等）や社会性（雇用・福祉、地域への貢献度等）が当該項目となる。ここで、総合評価落札方式が導入されてからの歩みを振り返ってみよう。

◎総合評価落札方式の導入

図 1-9 のように、1999 年に建設省（現国土交通省）により、大蔵省（現財務省）との個別協議を経て、「総合評価落札方式」の試行が始まった。2002 年度には、国土交通省の全契約金額の 2 割以上で実施との目標が示され、同方式の普及が進む。さらに、2005 年度は実施目標が 4 割以上に引き上げられ、高度技術提案型及び標準型、簡易型といった種別が導入される。

導入	【1991年度】 大蔵省との個別協議を経て総合評価落札方式の試行
拡大	【2002年度】 全契約金額の2割以上で実施を目標
積極的活用 〜原則実施	【2005年度】 全契約金額の4割以上で実施を目標 ・高度技術提案型・標準型・簡易型の導入 【2006年度】 全契約金額の8割以上で実施を目標（件数ベースで5割以上） ・施工体制確認型の導入 【2007年度】 全契約金額の9割以上で実施を目標（件数ベースで6割以上） 【2008年度】 原則実施 ・標準型をⅠ型とⅡ型に区分
基本理念に 立ち返った改善	【2012〜2013年度】 ・新方式による二極化（施工能力評価型、技術力評価型） ・施工能力の評価は大幅に簡素化 ・評価項目は原則、品質確保・品質向上の観点に特化

（国土交通省の資料より作成）

図 1-9　総合評価落札方式の変遷

翌2006年度には実施目標が金額ベースで8割以上、件数ベースで5割以上と設定され、施工体制確認型の導入が始まる。2007年度は金額で9割以上、件数で6割以上へと上方修正され、続く2008年度は同方式の「原則実施」が打ち出された。

2012〜2013年度にかけては、施工能力評価型と技術力評価型という新方式が登場し、併せて、施工能力の評価が大幅に簡素化され、評価項目は原則として品質確保、品質向上の観点に特化される。

このように導入後、着実に普及浸透した総合評価落札方式は、価格競争型の際、往々に生じる「ダンピング＝安かろう悪かろう案件」の減少に大いに寄与している。発注者、受注者双方にとってのメリットといえよう。また、全体の内容を評価することが談合防止につながる面もあるのだ。

◎総合評価落札方式の課題

一方で、同方式がもたらす課題、問題点が浮き彫りになってきてもいる。まず、入札時の「品質」に関する説明には、さまざまな書類等の提出が欠かせない。評価ポイントが多ければ多いほど提出物も多くなり、受注を目指す民間事業者は、書類作成に多大な労力を投じなければならない。

発注側も公正な審査をするために、手間もコストも膨らむばかりとなる。総合評価一般競争入札を実施する際には、2人以上の学識経験者をメンバーとする第三者委員会を設置し、客観性、透明性の高い落札者決定プロセスを確立することが義務づけられている。委員会の体制整備が不可欠なわけだが、委員会メンバーの人選等で苦労をしている地方自治体等が少なくない。

このように、発注者側では諸々の手続きや審査に関わる人材の不足、時間の不足が顕在化してきた。対する民間事業者からは「評価基準が明確でない」「審査方法や結果に納得がいかない」といった不満も聞こえ

てくる。これまで、さまざまな見直し、改善を図ってきた総合評価落札方式だが、まだまだ発展途上にあるようだ。

1-8 PPP-PFIの必要性と振興策

◎ PPP-PFI事業における現状と課題

図1-10に、PPP-PFI事業における現状と課題をまとめた。PFI事業については、公立病院や国の庁舎等、数百億円規模の運営型PFIや大型案件が少なくなる一方で、地方自治体における学校の改築や冷暖房設備、公営住宅、スポーツ施設、給食センター、斎場等の地域密着型の数十億円規模の案件が多くなっている。

PPP-PFI事業	コンセッション方式
【現状】 学校、公営住宅、給食センター、斎場等の地域密着型の小型案件が多い 地元企業を巻込んだ1グループ入札もある 【課題】 ・病院や庁舎等の運営主体や大型案件が少ない ・採算が合わず入札辞退するケースも発生	【現状】 仙台空港、関西・伊丹空港、高松空港、静岡空港、愛知県有料道路、浜松市下水道施設等が実施 【課題】 ・事業開始後の採算性確保や事業リスクの回避 ・地域活性化につながる事業の展開 ・空港案件では目標設定は評価の重要なポイント
総合評価落札方式	指定管理者制度
【現状】 工事量はあまり増えず、各社レベルアップして競争が激しい 【課題】 ・各社の提案レベルが向上して差別化が困難 ・技術提案に関して表現する技量で加算点に差 ・評価基準の明確化と透明性の確保	【現状】 3巡目に入り、住民サービス向上よりもコスト重視の傾向 【課題】 ・コストダウン競争が厳しく撤退する企業も発生 ・業務の質の維持とサービスの改善

図1-10　PPP-PFI事業に係る現状と課題

コンセッション方式では、仙台空港、関西・伊丹空港等の空港案件をはじめ、愛知県の有料道路や浜松市の下水道施設等が実施されている。コンセッション方式は事業を開始したばかりのため、利用状況の推移による採算性の確保や災害等を含む事業リスクの回避とともに、地域活性化につながる事業展開等が課題となろう。また、空港案件の審査においては、利用状況の目標設定の仕方が評価の重要なポイントになっているようだ。

国土交通省関係の総合評価落札方式では、工事量はあまり増えておらず、各社の提案レベルがアップしていて競争が激しいが、表現技量の優劣が加算点の差に影響を与えている。

指定管理者制度は、3巡目以降に入っている地方自治体が多く、住民サービスの向上よりもコスト重視の傾向が強くなっている。地方自治体からのコスト縮減の要請や民間事業者同士でのコストダウン競争も厳しくなっており、一部では撤退する事業者も出ている。今後は、厳しい予算の中での業務品質の維持向上と住民サービスの改善が課題である。

◎ PPP-PFI事業における発注者と民間事業者の悩み

私はこれまで15年以上にわたり、累積700件以上のPPP-PFI事業の入札・公募案件に携わってきたが、提案書作成に関わるコンサルティング業務や講演会等を通じて、入札・応募する民間事業者のみならず発注者側の地方自治体の関係者の思いをヒヤリングする機会を得てきた。その中で、以下に示すような悩みが、発注者側と民間事業者側の双方にあることに気づいた。

発注者側の悩みとしては、
　①手続きが煩雑で、手間や時間がかかる
　②提案内容を分析・判断できる人材が不足している
　③VFMが十分発揮されないことがある
　④応募者側の利益優先に対する不信感がある

⑤地元企業が参画しにくい
　⑥提案内容がわかりやすく伝わってこない
　⑦PFI事業だと建設費抑制のために建築意匠が軽視されないか
入札・応募者側の悩みとしては、
　①提案余地が限定されており、工夫の余地が少ない
　②予定価格が低すぎて利益が確保できない
　③審査方法や評価基準が明確でないことがある
　④発注者側の意向の方が強くなりがちである
　⑤運営事業者のリスクが高い
　⑥地元企業が参画しにくい
　⑦提案内容を発注者側にいかに伝えるかの表現技量が足りない
等である。

　この中で特に、発注者側が抱いている手続きが煩雑で手間や時間がかかるという悩みについては、内閣府のPFI推進会議において、2014年6月に手続簡易化のためのガイドラインが改正された。

　図1-11に示す通り、学校、公営住宅、事務庁舎等のサービス購入型PFI事業で、過去に同種事業の実績が数多く存在するものについては、類似他事業を参考にして検討期間を短縮し、基本構想から契約まで従来約4年かかっていたものを約2年半に短縮できるようにした。

　また、発注者側と入札・応募者側の双方から地元企業が参加しにくいとの指摘については、2018年に内閣府より公表された「PPP-PFI推進アクションプラン」や「PPP-PFI推進に資する支援措置」に示されているように、「地域プラットフォーム」の形成を支援していく中で、地域の「PPP-PFI力」の強化を図っている。

　これらの支援策を推進していくことで、これまでのPPP-PFI事業案件は、東京や大阪の大手ゼネコンが参画しないと取り組めなかったものが、地元企業主体の地域密着型コンソーシアムでも取り組めるようになっていくことが期待されている。

第1章 公共施設等の整備・運営事業を取り巻く環境

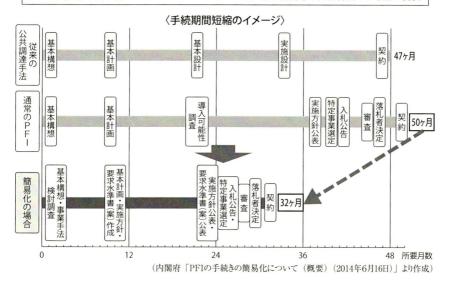

図1-11 PFI事業の手続きの簡易化

◎各種PPP-PFI事業の特徴

図1-12は、各種PPP-PFI事業について、契約期間の長さ（横軸）と民間関与の度合い（縦軸）を物差しに、それぞれのポジションを表している。また、図1-13は、各種PPP-PFI事業における業務範囲を示している。

指定管理者制度、市場化テスト、包括的民間委託については、事業期

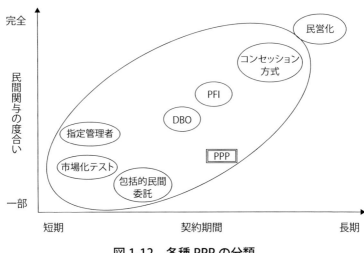

図 1-12　各種 PPP の分類

間が 3 〜 5 年程度と比較的短く、運営や維持管理に関する業務が主体となる。そのため、民間事業者の創意工夫に基づく事業展開の自由度も限られており、地方自治体や独立行政法人等の発注者側の意向が強く反映される。

　DBO、PFI の事業期間は一般に 10 〜 15 年程度である。コンセッション方式は PFI の 1 つの事業方式であるが、事業期間は 20 〜 30 年間に及ぶものある。 DBO、PFI、コンセッション方式においては、設計・建設から運営・維持管理まで業務が広範囲に及ぶとともに、民間事業者の出資や事業運営権が付与されることから、民間事業者の創意工夫やノウハウがより一層発揮される事業となっている。

　多様な PPP-PFI が登場し広まった背景として、2007 年から始まった「団塊の世代」の大量退職によって、地方自治体等での人材不足、特に技術系職員の不足が深刻化したことを見逃せない。

　以前は職員が図面を描いていたが、今は描ける人がいなくなったという地方自治体が少なくない。となると、民間事業者の技術、ノウハウを活用する動きが強まるのは必然である。財政難からのコスト縮減要請の

	設計	建設	運営	維持管理	民間事業者の出資	事業運営権
PFI（コンセッション方式を除く）	○	○	○	○	○	×
PFI（コンセッション方式）	○	○	○	○	○	○
DBO	○	○	○	○	×	×
指定管理者制度	×	×	○	○	×	×
市場化テスト	×	×	○	○	×	×
包括的民間委託	×	×	×	○	×	×

図1-13　各種PPP-PFI事業における業務範囲等

高まりや、公共サービスの質の向上への期待等と相まって、PPP-PFIの存在感は日に日に増している。

◎公共インフラの老朽化とPPP-PFIへの期待

　PPP-PFIへの期待が高まる背景の1つに、公共インフラの老朽化がある。老朽化に伴い補修・建て替えを迫られるインフラ施設が少なくない。補修・建て替えには莫大な費用が必要となるが、国も地方自治体も財政は逼迫している。そのため、自前の資金だけでは、建て替えはもちろんのこと補修すらままならない施設が全国各地に点在していると思われる。

　老朽化が進む公共インフラの典型となるのが上下水道施設、特に下水道施設である。国土交通省の試算によると、補修が必要な目安とされる50年以上使われている下水道施設は、2011年度時点で全体の2％。それが2021年度には7％、2031年度には23％に増えるという。老朽化の進展に伴い、上下水道施設等のインフラの維持費は、2013年度の3.6兆円が2023年度には5.1兆円に膨らむとの予測もある。

　補修・建て替えは待ったなしだが、厳しい財政事情から資金の捻出は難しい。こうした状況下で浮上したのがPPP-PFIの活用となる。活用促進に向け、国・政府はさまざまな支援策を打ち出している。

国が支援措置を講じる狙いを、内閣府では「公共施設の整備等に関する事業を効率的かつ効果的に進めるとともに、新たなビジネス機会の創出や民間投資の喚起による経済成長を実現していくこと等を目的に、PPP-PFIを推進しており、地方公共団体等に対し関連する支援を実施している」と説明している。

◎ PPP-PFI 事業推進の各種支援策

図1-14は2018年度の内閣府PPP-PFI推進室から公表された「PPP-PFI推進に資する支援措置」を表している。この中では、PPP-PFIの各段階に応じた合計5つの支援メニューを作成している。まず、事業化の前

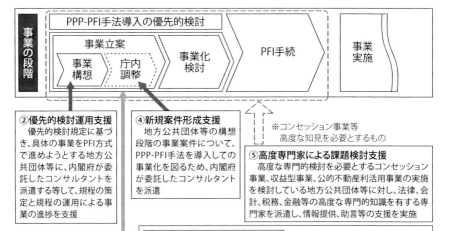

（内閣府の資料より作成）

図 1-14　2018 年度 PPP-PFI 推進に資する支援措置

段階における「地域プラットフォーム形成支援」があり、事業立案・事業化検討段階での「優先的検討運用支援」「民間提案活用支援」「新規案件形成支援」と続き、立案からPFI手続きまでをカバーする「高度専門家による課題検討支援」も用意している。

2018年度支援事業として選定されたのは、新市民会館建設検討（千葉県茂原市）、学校給食センター整備（岐阜県高山市）、複合施設整備（北海道苫小牧市）、道の駅整備（福井県美浜町）、駐輪場等整備（愛知県豊明市）、地区拠点施設整備（新潟市）、庁舎複合化（大阪府大東市）、庁舎スペースの有効活用（埼玉県和光市）、駐車場等整備（和歌山県田辺市）、総合体育館運営（富山市）――と全国各地の多彩な事業案件が並んでいる。

国、政府では支援措置を講じる一方で、コンセッション方式の普及を後押しするための新たな法改正にも乗り出した。公共施設等運営権の民間事業者への売却を容易にするのが法改正の眼目で、現行法では必要な地方議会の議決を不要にする、民間事業者が利用料金を設定しやすいように変えていくといった方向性が明らかになっている。

◎地域プラットフォームの形成

PPP-PFI支援策にある、「地域プラットフォーム」について触れておこう。地域プラットフォームとは、地域の民間企業、金融機関、地方自治体等が集まり、PPP-PFI事業への理解やノウハウの習得、参画意欲の推進、案件形成能力の向上、地域コンソーシアムの形成等を目指した取り組みである。

この背景には、地域でPPP-PFIを推進していくうえで、発注者となる地方自治体等の経験不足やノウハウの欠如とともに、地域を基盤とした民間企業や関係者の理解不足等さまざまな課題がある。

地域プラットフォームには、こうした課題を解消していくとともに、基本計画の内容に関する情報提供をはじめ、先行事例の紹介、初期段階でのマーケットサウンディングの場としての役割も考えられる。

column 1

地域住民のニーズの多様化とマズローの欲求段階説

　事業提案書に関わる仕事をしていると、公共事業や公共施設とは何かということをしばしば考えさせられる。言葉の厳密な定義は社会学者にお任せするとして、地域住民の福祉の増進のために在るのが公共事業であり、公共施設であると私なりに捉えている。

　福祉とは、「幸せ」や「豊かさ」を意味する言葉である。地域住民がどのようなニーズやウォンツを持っていて、どんな時に幸せや豊かさを感じるのか…。その人の価値観や感性にもよるが、人が幸せを感じる条件として、一般に「人に愛されること」「人に褒められること」「人の役に立つこと」「人から必要とされること」の4つが挙げられている。

　一方、豊かさについては、物質的豊かさと精神的豊かさとに分かれるが、どちらにしても、安心、安定、満足した状態が豊かさに直結すると考えている。

　難しい命題だが、ここでは地域住民のニーズやウォンツを考えるうえで、マズローの「欲求段階説」を紹介したい（図1）。米国の心理学者であるアブラハム・マズロー（Abraham Harold Maslow）は、人間の欲求には

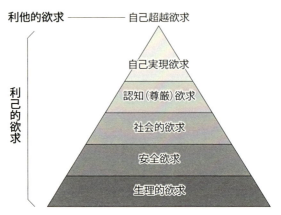

図1　マズローの欲求段階説

階層があって、下位の欲求が満たされるとさらに上位の階層の欲求に移っていくとの見方を示した。最下層は、食欲や睡眠等、生きるための「生理的欲求」であり、身の安全や安定収入等の「安全欲求」、家庭や社会・組織への帰属等の「社会的欲求」、褒められ認められたいという「認知（尊厳）欲求」、より自分らしくありたいという「自己実現欲求」となっていく。

これらの5段階は、自己に関する欲求（利己的欲求）であるが、近年になって、この上に6段階目の欲求があるとの説が出ている。自己超越欲求（利他的欲求）といわれ、自分が所属する地域社会や国、世界等のコミュニティ全体の発展への欲求である。

マズローの欲求段階説を、私なりに会社の職場や地域住民にあてはめたものを図2に示す。身近な公共施設として、各地域にある公民館がコミュニティセンターとして生まれ変わった例が散見される。公民館は、「社会教育法」に基づく施設として、地方自治体が運営管理の主体となっているが、物販の禁止とともに、単なる会議室の貸し出しや固定客の利用に偏ったりしているところもある。そのため、地域住民の福祉の増進に応えきれ

階層	キーワード	内容	職場	地域住民ニーズ
自己超越欲求	コミュニティの発展	利他的な欲求 地域社会や国、世界の発展	会社の発展 地域、国、世界の発展	地域社会の発展 地域貢献
自己実現欲求	人間的成長	自己の理想実現	挑戦的・創造的仕事	生きがいを見つける 自分のあるべき姿を考える
認知（尊厳）欲求	名誉、自尊心	尊厳されたい 認められたい	肩書き 同僚からの賞賛	地域社会から認められる
社会的欲求	所属、帰属	組織に所属 良好な人間関係	親睦会 信頼する上司、部下	家族、地域社会とのつながり
安全欲求	安全	危険回避 身の安全確保	安全な職場 身分の保証	環境、防災、防犯、交通
生理的欲求	生理的、本能	飲食、睡眠 性欲、排泄	給与、おいしい食事 清潔なトイレ	食堂、トイレ、医療、福祉

図2　マズローの欲求段階説の職場や地域社会への適用

ない側面がある。

　これに対して、コミュニティセンターは、社会教育法の適用を受けないため、今までの「与える、提供する」という考え方から、「参画する、貢献する」という考え方に重点が置かれている。すなわち、地域住民が積極的に管理運営に参画して、地域住民の自主的・主体的活動を支えることで、より高度な「公共の福祉」の実現が図られている。また、コミュニティセンターの側にも、地域の人材活用を通した地域活性化への貢献が求められるようにもなってきている。

第2章
要求水準等の公募資料を読み解くポイント

2-1 発注者は何を求めているのか

　ここからはPPP-PFIの実務に関わる人、特に公共事業に関する入札・公募に参画する民間サイドの人たち向けの情報や助言を紹介していこう。

◎要求水準書は最も重要な書類

　最初に取り上げるのは「要求水準」なるものだ。公共事業における要求水準とは、個人が家を建てる時、工務店等に注文する「部屋数は4つで、リビングは南側に」「大きな窓を取り付けて陽が差し込むように」といった要望とほぼ同じと考えていい。

　要求水準を記した要求水準書は、国・地方自治体等の発注者の意図を入札・公募に参画する民間事業者に示すための最も重要な書類と位置づけられる。PPP-PFI事業で整備運営される施設や設備等のハード面及びサービス提供等のソフト面に大きな影響を及ぼし、民間事業者の創意工夫を促すというPPP-PFIの本来の趣旨を具現化するうえでも、要求水準書が果たす役割は極めて大きい。

　要求水準を理解する際のスタート点となるのが「発注者の思い」であろう。発注者は何を思い、何を求めているのか…。「敵を知り、己を知れば百戦危うからず」ではないが、発注者サイドに立って考察することが肝要だ。

　元将棋棋士で、タレントとして活躍する「ヒフミン」こと加藤一二三氏が、将棋の対局時、対戦相手の側に移動し、相手の視点から盤上を眺める行為を繰り返したのは有名な話。このヒフミン流「視点を変える」は、さまざまなビジネスシーンで役に立つ。PPP-PFIにおいてもしかりで、落札を目指す担当者諸氏は、ぜひヒフミンを見習っていただきたい。

◎まちづくり計画等にも目を通そう

ところで、国・地方自治体等の発注者は、まちづくり計画に代表される中長期ビジョンや理念、方向性の類いを策定し、スローガンを掲げている。「絆、魅力、伝統を未来につなぐまち」「歴史と文化が香る 緑風の郷」「みんなで築く市民協働のまちづくり」「元気 ふれあい 安心のまち」「一人ひとりが輝くまち・未来に夢がもてるまち」――等々だ。

遂行する公共事業は、これら、あるべき姿に近づくための取り組みとなるので、民間事業者にとって、まちづくり計画等を咀嚼することが、発注者の思いや求めているものの理解につながっていく。迂遠なようでも、ビジョンや理念に目を向けて、それらを読み解く努力が欠かせない。

◎発注者の悩みや課題を理解

発注者が抱えている悩みや課題に思いを馳せることも大切だ。発注者に共通する悩み、課題は「入札の手続きが煩雑で手間も時間もかかり大変だ」「提案内容を分析・判断できる人材が足りない」「民間事業者が利益優先に行き過ぎないか、心配だ」「地元企業の参加が少ない」――等。こうした事情をよく理解したうえで、それぞれの対応策や解決策をひねり出したい。

2-2 公募資料を読み込むポイント

◎公募資料は必ず読み込む

図2-1は、入札時に発注者側から提示される公表資料（公募資料）の一覧である。

入札・公募に関わる民間事業者にとって、募集要項の最初から最後ま

PPP-PFI 事業提案書の作り方

資料名	概　要
実施方針	・事業内容（背景、経緯と目的、業務内容、事業方式）、事業者選定方式、参加資格、リスク分担等の記載がある ・事業内容の中で民間事業者に対して何を求めているのか、事業コンセプトが明示されることが多い
特定事業の選定公表文	・特定事業とは、PFI 方式を用いて実施しようとする事業のことをいう ・特定事業の評価・選定が行われた結果、当該事業を PFI で実施することが最適であると判断されたことを表わす
入札公告 （公告文）	・発注者が入札公告を行う文書で、総合評価一般競争入札方式の場合には必ず公表される ・公募型プロポーザル方式の場合は、入札行為ではないため「公告文」として公表されることが多い
入札説明書 （募集要項）	・事業内容や入札手続き等を示したものだが、事業コンセプト等、実施方針と重複する項目も多い ・事業内容、入札参加資格、入札スケジュール、審査方法、提出書類、契約方法等の記載がある ・総合評価一般競争入札では「入札説明書」、公募型プロポーザル方式では「募集要項」となる
要求水準書	・事業の実施に当たり、民間事業者が提供すべきサービスの内容と達成すべき品質・水準を示したもの ・当該事業における政策目的や求める成果（アウトカム）を実現するためのアウトプット仕様を提示
落札者決定基準 （優先交渉権者選定基準）	・提出書類を評価・審査する際の、手順、手続きとともに、評価の項目、基準、配点等を示したもの ・総合評価一般競争入札では「落札者決定基準」、公募型プロポーザル方式では「優先交渉権者選定基準」となる
様式集 （提案書作成要領）	・提出書類の作成要領をはじめ、提案内容の指定、書式、枚数等の様式について記載されている ・作成要領については、別途添付されている場合もある
基本協定書（案）	・発注者と落札者（優先交渉権者）との間で締結する、事業契約に関する基本的事項について規程したもの
事業契約書（案）	・基本協定の締結後に発注者と事業者との間で締結する、権利・義務関係やリスク分担について規定したもの
添付資料 （参考資料）	・図面類をはじめ、アンケート内容や住民説明会議事録等、提案書作成上でポイントとなるものが添付されることがある
質問回答書	・入札説明書や要求水準書に関して、応募者から発注者への質問と回答（Q&A）が示されたもの ・記載項目や要求水準（仕様）、提出書類等の変更が、発注者から提示される場合がある

図 2-1　入札時の公表資料（公募資料）

でをじっくり精読するのがファーストステップの作業となる。他の事業案件の募集要項と読み比べたりして経験を重ねるにつれ、重要な箇所とさほど重要でない箇所等が分かったりすることで、メリハリをつけた読み方が可能になるが、最初のうちは全部を熟読することを心がけたい。

公共事業は、定められたプロセス（過程）やステップ（段階）を踏んで入札・公募に至る。まず公募前に当該事業の妥当性や有効性をチェックする事前評価を行った後に、実施方針をはじめ、入札公告、入札説明書（募集要項）、要求水準書、落札者決定基準、様式集、基本協定書（案）、事業契約書（案）、添付書類等を逐次、公表していくのが基本パターンとなっている。

公表される書類は、事業方式や入札方式によって名称が異なる場合もある。例えば、PFI事業として実施される場合には、特定事業の選定公表文が提示される。また、総合評価一般競争入札では落札者となるが、公募型プロポーザルでは優先交渉権者となるために、書類の名称も異なってくる。

その中から、まず、民間事業者が発注者の考えや思いを知るうえで、重要な書類についての勘所を探ってみよう。

◎実施方針

「実施方針」は、発注者側から事業参画を検討する民間事業者に対して当該事業に関する情報を提供するものであり、入札・公募の公告以前に公表される。実施方針には、事業内容の中で事業の背景、経緯と目的、業務内容、事業方式等が示されているとともに、事業者選定方式、参加資格、リスク分担等についても示されている。

民間事業者にとっては、事業参画の是非を判断する最初の材料となるものであり、当該事業の概要を把握するとともに、発注者側の意図や事業コンセプトを理解するために精読する必要がある。

あらゆる事業には常にさまざまなリスクが伴う。公共事業、PPP-PFI

凡例：「○」主たる負担者　「△」従たる負担者　「－」無関係

共通事項

リスクの種類	リスク内容	市	PFI事業者	民間収益事業者
構想・計画リスク	(1) 市の政策変更による事業の変更・中断・中止等	○		
入札説明書類リスク	(2) 入札説明書等の誤り・内容の変更によるもの	○		
許認可リスク	(3) 市の事由による許認可等取得遅延	○		
	(4) 上記以外の事由による許認可等取得遅延		○	○
法令変更リスク	(5) 法制度・許認可の新設・変更によるもの（PFI事業に直接の影響を及ぼすもの）	○		－
	(6) 法制度・許認可の新設・変更によるもの（民間収益事業に直接の影響を及ぼすもの）		－	○
	(7) 上記以外の法制度・許認可の新設・変更によるもの	○		
消費税変更リスク	(8) サービス対価にかかる消費税の変更によるもの	○		－
	(9) 上記以外の消費税の変更によるもの		○	○
税制変更リスク	(10) 法人の利益にかかる税制度の変更によるもの（法人税率等）		○	○
	(11) PFI事業に直接の影響を及ぼす税制度の変更によるもの		○	－
	(12) 民間収益事業に直接の影響を及ぼす税制度の変更によるもの		－	○
住民対応リスク	(13) メインアリーナ施設及びサブアリーナ施設の設置に起因する住民対応	○		
	(14) 民間収益施設の導入条件に起因する住民対応	○		－
	(15) 事業者の提案内容及び事業者が行う業務（調査・工事・維持管理・運営等）に起因する住民対応		○	○
環境リスク	(16) 事業者が行う設計・建設、維持管理・運営等の業務に起因する環境の悪化		○	○
	(17) 市が行う業務に起因する環境の悪化	○		
第三者賠償リスク	(18) 市の提示条件、指図、行為を直接の原因とする事業期間中の事故によるもの	○		
	(19) 上記以外によるもの		○	○
安全確保リスク	(20) 設計・建設、維持管理・運営等における安全性の確保		○	○
保険リスク	(21) 施設の設計・建設段階及び維持管理・運営段階のリスクをカバーする保険		○	○

図 2-2　横浜文化体育館再整備事業において想定されるリスクと責任分担

第2章 要求水準等の公募資料を読み解くポイント

リスクの種類	リスク内容	市	PFI事業者	民間収益事業者
金利リスク	(22) サービス対価にかかる基準金利確定前の金利変動によるもの	○		—
	(23) サービス対価にかかる基準金利確定後の金利変動によるもの		○	—
物価変動リスク	(24) PFI事業にかかる、インフレ・デフレ（物価変動）にかかる費用増減（一定の範囲内）	○		
	(25) PFI事業にかかる、インフレ・デフレ（物価変動）にかかる費用増減（一定の範囲を超えた部分）		○	
	(26) 民間収益事業にかかる、インフレ・デフレ（物価変動）にかかる費用増減		—	○
資金調達リスク	(27) PFI事業者の資金調達に関するもの		○	—
	(28) 民間収益事業者の資金調達に関するもの			○
構成員・協力会社リスク	(29) 構成員・協力会社の能力不足等による事業悪化		○	○
債務不履行リスク	(30) 市の事由による（市の債務不履行、埋蔵文化財の発見等）事業の中止・延期	○		—
	(31) 市の事由による支払の遅延・不能によるもの	○		
	(32) PFI事業者の事由による（事業破綻、事業放棄等）事業の中止・延期		○	
	(33) 民間収益事業者の事由による（事業破綻、事業放棄等）事業の中止・延期		—	○
不可抗力リスク	(34) PFI事業にかかる、戦争、暴動、天災等による事業計画・内容の変更、事業の延期・中止の関するもの	○	△※1	
	(35) 民間収益事業にかかる、戦争、暴動、天災等による事業計画・内容の変更、事業の延期・中止の関するもの		—	○

契約締結前

リスクの種類	リスク内容	負担者		
		市	PFI事業者	民間収益事業者
応募費用リスク	(1) 本事業への応募にかかる費用負担		○※2	○※2
契約リスク	(2) 市の事由による契約の未締結	○		
	(3) 事業者の事由による契約の未締結		○	○
議会議決リスク	(4) 事業者の事由による議会の不承認		○	○
	(5) 上記以外の事由による議会の不承認	○		

※1　リスク分担の詳細は、入札公告時に明らかにする。
※2　提案審査の結果、次点、次々点となった提案者には、「公民協働事業応募促進報奨金交付要綱」（2006年4月1日）に基づき、提案報奨金を支払う予定である。

（横浜市の資料より作成）

も例外ではない。実施方針や入札説明書（募集要項）等では「想定されるリスクと責任分担」について詳細に記述しているケースが少なくない。

図 2-2 は、「横浜文化体育館再整備事業」の実施方針で示されたリスクと責任分担の抜粋となる。多種多様なリスクについて、それぞれ発注者側なのか事業者側なのか、誰がリスク負担者になるのかを示している。リスクの想定と対応が、事業全体の中で占める重みは決して軽くはない。

◎特定事業の選定公表文

「横浜市文化体育館再整備事業」では、「特定事業の選定について」という資料が公表されている。特定事業とは、PFI を用いて実施しようとする事業のことをいうが、特定事業の評価・選定が行われた結果、当該事業を PFI で実施することが最適であると判断されたことを表わしている。

本資料の中では、PSC や VFM という用語が出てくる。PSC（Public Sector Comparator、パブリック・セクター・コンパレーター）とは、官側の発注者側が自ら事業を実施した際の費用を意味し、「予定価格」として提示されるケースもある。VFM（バリュー・フォー・マネー）とは、支払い（マネー）に対して最も価値の高いサービス（バリュー）を供給するというような考え方である。

発注者は、民間事業者が提案する PFI 事業の経費と PSC とを比較し、どちらに VFM の軍配が上がるか、つまり官と民、どちらが価値あるサービス提供者になれるかを判断する。民間事業者にとって、こうした手法を導入されているかどうかの確認作業も欠かせない。

◎入札公告（公告文）

発注者が入札公告を行う文書で、総合評価一般競争入札方式の場合には、「入札公告」として必ず公表される。公募型プロポーザル方式の場合は、入札行為ではないため「公告文」して公表されることが多い。

◎入札説明書（募集要項）

　総合評価一般競争入札方式の場合は「入札説明書」、公募型プロポーザル方式では「募集要項」として公表されている。入札説明書（募集要項）には、当該事業の入札・公募に参画しようとする民間事業者に対して、事業の内容及び参画に当たっての必要事項が示されている。主な記

日　程	内　容
2017年3月21日（火）	入札公告（入札説明書等の公表）
3月21日（火）～ 4月11日（火）	入札説明書等に関する質問の受付
5月2日（火）	入札説明書等に関する質問への回答公表
6月19日（月）～ 6月21日（水）	入札参加資格確認申請書の受付
6月23日（金）	入札参加資格確認結果の通知
6月23日（金）～ 6月30日（金）	入札参加資格確認結果の理由説明の申立て
7月7日（金）	入札参加資格確認結果の理由の回答
7月18日（火）	入札及び提案書の受付期限
8月上旬	応募グループプレゼンテーション
8月上旬	横浜市民間資金等活用事業審査委員会による審査
9月上旬	開札
9月下旬	落札者の決定及び公表
10月	落札者との基本協定の締結
11月上旬	PFI事業者との事業契約の仮契約の締結
12月下旬	事業契約にかかる議会議決（本契約の締結） 指定管理者の指定にかかる議会議決
2020年	「横浜市スポーツ施設条例」他関連規則の改正（サブアリーナに関する事項）
2023年	「横浜市スポーツ施設条例」他関連規則の改正（メインアリーナに関する事項）
民間収益施設の着工日まで	民間収益事業者との定期借地権設定契約又は土地売買契約の締結

（横浜市の資料より作成）

図2-3　横浜文化体育館再整備事業における入札等のスケジュール（予定）

載内容は、事業内容、入札参加資格、入札スケジュール、審査方法、提出書類、契約方法等であるが、実施方針と重複する項目も多くある。

　この中で、入札参加資格の項目には参加資格要件として、アドバイザリー業務の委託を受けている会社名が記載されている。また、審査方法の項目の中には、審査委員会のメンバーの名前が記載されている。アドバイザリー業務の委託会社や審査委員会のメンバーを確認し、過去の類似案件の審査結果と比較することが、審査ポイントや傾向と対策の把握・分析に直結するのだ。

　事業内容の項目に記載されている事業全体のスケジュールとともに、入札手続等に関する事項等の項目に記載されている入札スケジュールを把握することも重要である。具体事例で見てみよう。

　図2-3は、横浜市による「横浜文化体育館再整備事業」の入札スケジュールを示す。同事業は2016年2月に実施方針が公表され、同年11月に入札辞退により入札中止となったが、翌年再入札となり、2017年3月に入札説明書や要求水準書が公表されたPFI事業（総合評価一般競争入札方式）である。公表から20日間、入札説明書等に関する質問を受け付けて、その回答を公表。入札参加資格確認のプロセスを経て、提案書を受け付け、応募グループのプレゼンテーションを実施し、公表から半年後に落札者を決定するスケジュールとなっている。

◎要求水準書

　要求水準書とは、事業の実施に当たり、民間事業者が提供すべきサービスの内容と達成すべき品質・水準を示したもので、当該事業における政策目的や求める成果（アウトカム）を実現するためのアウトプット仕様が提示されている。

　発注者の意図を示すための最も重要な書類と位置づけられる。PPP-PFI事業で整備・運営される施設、サービスの質や効率性に大きな影響を及ぼし、民間事業者の創意工夫を促すという、PPP-PFIの本来の趣

第2章　要求水準等の公募資料を読み解くポイント

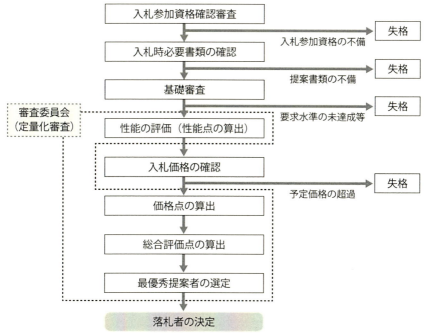

（横浜市の資料より作成）

図 2-4　横浜文化体育館再整備事業の落札者決定までの流れ

旨を具現化するうえでも、要求水準書が果たす役割は極めて大きい。

　なお、要求水準書の位置づけと読み込むポイントについては、後段でさらに詳しく述べたい。

◎落札者決定基準（優先交渉権者選定基準）

　提出書類を評価・審査する際の、手順、手続きとともに、評価の項目、基準、配点等を示したものであるが、総合評価一般競争入札では「落札者決定基準」、公募型プロポーザル方式では「優先交渉権者選定基準」として公表される。

　図 2-4 は、「落札者決定までの流れ」を表している。参加資格や提案書類の不備が失格につながると明示。また、図 2-3 の中の「横浜市民間

資金等活用事業審査委員会」が、何をどんな手順で審査するのかについて、性能の評価（性能点の算出）→価格点の算出→総合評価点の算出と進み、落札者を決定すると説明した。一連のスケジュールや手順をきっちりと押さえることが、すべての出発点となる。

審査委員会では一体、何をどう評価するのか…。首尾よく落札・選定を獲得するには、評価基準を綿密に分析し把握することが欠かせない。現在、公共事業の大半を占める総合評価方式は、価格と性能（内容）の2つの評価項目にそれぞれ点数を付けて合計する。

その際、両者のウエートは5対5の時もあるし、6対4も3対7もあり、事業によってまちまち。最近の傾向としては、価格より性能重視の案件が増えているが、いずれにしろ、評価基準が見逃せないチェックポイントとなる。

上記の「横浜文化体育館再整備事業」では、性能点と価格点のウエートを8対2にすると明記し、性能重視を鮮明に打ち出している。また、**図2-5**に示すように、審査項目及び項目ごとの配点についてもオープンにしている。

性能点では、点数配分の高い順から「横浜文化体育館施設整備に関する事項（30点）」「まちづくりに関する事項（22点）」「横浜文化体育館の運営に関する事項（18点）」「民間収益事業に関する事項（10点）」等となっている。一方、価格点については、＜最も低い入札価格÷各入札参加者の入札価格＞×価格点の配点（100点）――と算定式を示している。本事業に限らず、まちづくり等の地域活性化や地域貢献に関わる項目の点数配分は、近年高くなっている傾向にあるのだ。

収益が目的の民間事業者にとっては、どんな案件でも、入札価格をいくらにするかが最重要のテーマとなる。的確に見積もって赤字受注は回避しなければならない。一方で、ライバル業者に勝つには極力、低価格に抑えたい。首尾よく落札し、利益を得る入札価格はいくらなのか。ピンポイントの値決めが求められるだろう。

審査項目			配点
I	性能点		100 点
	1	本事業実施の基本方針	3 点
	2	PFI 事業の実施体制及び資金計画等に関する事項	9 点
		(1) PFI 事業の実施体制	3 点
		(2) 資金計画及び収支計画（収入、支出の見込みの妥当性）	6 点
	3	横浜文化体育館施設整備に関する事項	30 点
		(1) 施設の機能性・利便性・快適性及びメインアリーナ施設、サブアリーナ施設の連携	5 点
		(2) メインアリーナ施設の計画	8 点
		(3) サブアリーナ施設の計画	8 点
		(4) 設備計画・什器備品計画	3 点
		(5) 安心・安全への配慮	3 点
		(6) 施工計画	3 点
	4	横浜文化体育館の維持管理・修繕に関する事項	8 点
		(1) 維持管理・修繕の取組方針及び体制	2 点
		(2) 維持管理	3 点
		(3) 修繕・更新及び長期修繕計画	3 点
	5	横浜文化体育館の運営に関する事項	18 点
		(1) 運営の取組方針及び体制	3 点
		(2) 運営日数・運営時間及び週間スケジュール	4 点
		(3) 利用料金及び利用受付	4 点
		(4) 広報・情報発信	3 点
		(5) 自主事業	4 点
	6	民間収益事業に関する事項	10 点
		(1) 横浜文化体育館との相乗効果	4 点
		(2) 民間収益施設の施設計画	3 点
		(3) 民間収益事業の安定性・確実性	3 点
	7	まちづくりに関する事項	22 点
		(1) まちづくりと地域の賑わいづくりへの貢献	4 点
		(2) 地域経済への波及効果	10 点
		(3) 景観及びデザイン計画	3 点
		(4) 周辺環境への配慮	5 点
II	価格点		100 点
総合評価点合計（I × 0.8 ＋ II × 0.2）			100 点

（横浜市の資料より作成）

図 2-5　横浜文化体育館再整備事業の審査項目及び配点

その際、参考になるのが、発注者側の見積金額といえる予定価格だ。予定価格を上回る入札価格の案件は落札できない仕組みなので、予定価格が落札上限価格となる。一方で、事業の質を担保する観点から最低制限価格が設定される案件もある。これらの価格は諸般の事情から、事前に「予定価格」として公表されるケースが増えているので、万一にも見落とさないように気をつけたい。

◎様式集（提案書作成要領）

　様式集は、提出書類の作成要領や様式を取りまとめたものであるが、作成要領については、別途添付されている場合もある。様式集は、提案書の作成において重要な書類であり、見落としのないようにする。

　様式集においては、提案内容の指定、書式、枚数等が記載されているが、提案内容については落札者決定基準に記載の評価項目と照合し、整合性を図っておく必要がある。また、フォントの大きさ、枚数、余白等の制限とともに、提案書提出時の両面印刷または片面印刷等についても記載されていることがあるので注意を要する。

◎基本協定書（案）と事業契約書（案）

　基本協定書や事業契約書は、民間事業者からの提案を受け、事業者選定後に発注者との間で締結されるものであることから、入札・公募時に公表する資料としては、「案」になる。基本協定書は、事業契約の締結等に関する基本的事項について合意するものであり、事業契約書は、発注者と民間事業者との間の権利・義務関係やリスク分担等について規定したものである。

　基本協定書（案）や事業契約書（案）については、入札・公募時にはPPP-PFI事業の契約に精通した実務者が確認し、必要に応じて専門家や弁護士等に相談することが望ましい。なお、確認すべき事項があれば、「質問回答書」にて発注者側に問い合わせよう。

◎質問回答書

　入札説明書や要求水準書に関して、応募者から発注者への質問と回答（Q&A）が示されたものである。記載項目や要求水準（仕様）、提出書類等の変更が、発注者から提示される場合があるので必ず確認しておこう。なお、質問回答書は公表されるのが原則となっていることから、競争相手の民間事業者にも情報提供されることを踏まえて、質問項目の内容や表現方法には注意を払う必要がある。

2-3　上位計画及び関係法令・条例等の把握

◎上位計画からまちづくりの方向性やあるべき姿を理解する

　図 2-6 は主な上位計画及び関係法令・条例についてまとめたものである。

区　分	資料名	概　要
上位計画及び関係法令・条例	第●次●●市（区）総合計画	・自治体の最上位計画で、約10年間の長期的展望に立ったまちづくりの指針となる ・まちづくりの基本的な理念や目標、方針等を示す「基本構想」、基本構想にもとづいて推進すべき施策を示す「基本計画」、基本計画にもとづく具体的な事業内容を示す「実施計画」等からなる
	分野別上位計画	・次世代育成支援計画・スポーツ振興基本計画・廃棄物処理計画 ・地域防災計画・環境基本計画・地域福祉計画・都市計画 ・景観計画　等
	関係法令	・都市計画法・建築基準法・道路法・駐車場法・水道法 ・下水道法・景観法・文化財保護法・環境基本法・消防法　等
	関係条例	・建築基準条例・景観条例・下水道条例・環境保全条例 ・個人情報保護条例・情報公開条例・騒音防止条例 ・福祉のまちづくり条例　等

図 2-6　上位計画及び関係法令・条例の把握と分析

ほとんどの地方自治体では、長期的展望にたって、おおむね10年間にわたるまちづくりの指針となる「総合計画」を策定し、これに基づいて行政運営を行っている。「総合計画」は、まちづくりの基本的な理念や目標、方針等を示す「基本構想」をはじめ、基本構想に基づく具体的な施策を示す「基本計画」、基本計画に基づく具体的な事業を示す「実施計画」等からなる。

　各地方自治体により、構想や計画の呼び方が異なることもあるが、本書ではこれらを「上位計画」と位置づけている。PPP-PFIをはじめとする各種の公共事業は、いずれもまちづくりの方向性やあるべき姿を示した上位計画と整合する取り組みとなることから、事業の背景等を理解するうえで重要な資料である。

◎関係法令や条例の把握

　入札説明書や要求水準書では、「当該事業の実施に当たっては、関係法令、条例、規則及び要綱等を遵守するとともに、各種基準及び指針等についても、要求水準と照らし合わせて適宜参考にするように」と記載されている。これらの関係法令や条例等については、参画メンバーの中に適切な有資格者や専門家等を交えてチェックしておくことが肝要である。

◎地域特性や施設特性等の把握

　図2-7は、地域特性や施設特性等を把握するうえで、情報の主な入手方法をまとめたものである。PPP-PFI事業における提案書は、公募資料だけでは読み取れない地域特性や施設特性等を踏まえた内容にすることで、より現実性と具体性が増し高評価につながる。

　主な情報としては、地方自治体、施設、事業分野、競合先等に関するものであるが、情報入手にあたっては現地調査はもとより、文献調査、地元に精通している会社、インターネットの活用等が挙げられる。

第 2 章　要求水準等の公募資料を読み解くポイント

分類	項目	主な情報入手媒体
自治体情報	・市（町村）勢 ※人口、産業、財政、文化、気候、特色	・自治体ホームページ ・都市データパック（書籍） ・インターネット情報 ・現地調査 ・地域の観光協会　等
施設情報	・施設の運営現状 ・近隣類似施設の状況	・自治体ホームページ、施設ホームページ ・個人運営のホームページ ・コンソーシアム内の地元企業 ・現地調査　等
施設情報	・施設内外の状況 ・施設周辺の状況 （ロケーション）	・現地調査 ・現地説明会、施設訪問 ・Google Earth、ストリートビュー、ドローン撮影　等
事業情報	・事業分野についての最新情報 ※必要に応じて基礎知識や原理原則	・コンソーシアム内の各企業 ・業界ホームページ ・書籍　等
競合情報	・他社（グループ）情報	・過去の実績 ・コンソーシアム内での情報共有　等

図 2-7　地域特性や施設特性等の把握

　どの地方自治体もホームページにまちづくりに関する計画や最新動向等についての情報をアップしているので、ホームページをのぞいてみることが肝要だ。ホームページには「市長の部屋」のようなコンテンツも載っている。それらにも目を通すひと手間で、公募資料や上位計画等からは得られなかった"気づき"を発見できる可能性もある。

2-4　要求水準と関係書類の位置づけ

◎要求水準の構成と関係書類

　要求水準書は公募資料の中で最も重要な書類と位置づけられる。発注者が何を求めているかを示すこの要求水準書について掘り下げてみよう。

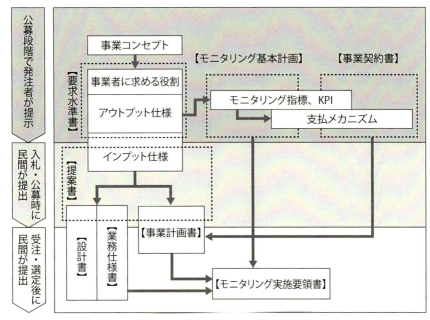

(内閣府「要求水準書作成指針 骨子（案）」（2008年6月）より作成）

図 2-8　要求水準の構成と関係書類の関係

　図 2-8 は、要求水準の構成と関係書類について要約している。要求水準書は公募段階で発注者側が提示する。その内容は、当該事業における政策目的や求める成果（アウトカム）を実現するためのアウトプット仕様等としてまとめられたものである。
　アウトプット仕様とは、事業の効果や成果を目安とした性能発注の仕様であり、民間事業者が提供すべきサービス内容及び達成すべき品質等の性能を意味し、「性能規定」ともいわれる。
　アウトプット仕様と対をなすのがインプット仕様だ。インプット仕様は、「仕様規定」ともいわれ、サービス内容や品質を達成するための具体的な方法及び仕様等を意味する。主に民間事業者が提案書の中で記述するものである。

優れた提案書に欠かせないのは、発注者側のアウトプット仕様を正しく理解したうえでのインプット仕様の記述であり、そのためには、要求水準の背後にある事業に関わる政策目的や求める効果（アウトカム）を踏まえ、民間事業者としての創意工夫を発揮する必要がある。

◎要求水準書の位置づけ

民間の資金、経営能力、技術的能力を活用するのが目的となるPFI事業では、民間の創意工夫を活用する観点から、発注者側は、求めるサービスを性能規定（アウトプット仕様）により示すのが原則となっている。

発注者の国・地方自治体等が、要求水準書の中で具体的な方法や仕様となるインプット仕様を詳細に書き込んでしまうと、本来の目的、趣旨である民間の活力・創意工夫の発揮を阻害する恐れがあるからだ。

ただ、アウトプット仕様だけでは当該サービスの中身について、期待される効果が出ない恐れがある等の理由で、部分的にインプット仕様が示されることがある。また、発注者側の国・地方自治体等や要求水準書の作成を支援するアドバイザリーによっては、類似施設の要求水準書を参考にして作成する際に、類似施設同様にインプット仕様の詳細にまで言及してしまう、といった事例にも時折、遭遇する。

国の指針等では「インプット仕様は参考例と位置づける等、民間の創意工夫を縛らない形での情報提供が望ましい」としているが、現実には、どこまでインプット仕様を記載するかの"さじ加減"が難しいようである。

◎事業コンセプトに込められた発注者の思いや意図

図2-8の左上にある「要求水準書」の上部には、「事業コンセプト」が示されている。事業コンセプトの内容は、実施方針または入札説明書の中で明らかにされることが多いが、要求水準書の添付資料として提示されることもある。

民間事業者が事業コンセプトを把握することは、要求水準の背後にある発注者の思いや意図を理解し、認識の不一致からくる齟齬を解消するための重要なステップとなる。発注者にとっては民間の創意工夫を誘発するための貴重な資料となろう。

　事業コンセプトでは、事業の背景と目的、事業の特徴、事業を通じて達成したい政策目標…等々が示される。これらをアウトプット仕様としてまとめたものが要求水準書なので、要求水準を正しく理解するには、まず事業コンセプトを明確にすることから手を付けたい。

◎モニタリング基本計画と支払いメカニズム

　また、図 2-8 には、「モニタリング基本計画」「モニタリング指標、KPI」「支払メカニズム」等が示されている。モニタリング基本計画については、「モニタリング計画書」として提示されることもあるが、一般的には「事業契約書（案）」の中に示されていることが多い。

　モニタリングは、要求水準を満足するサービスの提供がなされているかどうかを確認するためのものである。モニタリング基本計画においては、目的、体制、対象業務、方法、手順、種別等とともに、要求水準が未達の場合の是正措置について示されている。

　モニタリング基本計画は発注者側から提示されるが、民間事業者からの提案書の内容や業務仕様を踏まえて、「モニタリング実施計画」として改めて作成する手順を取ることが望ましいとされている。この場合、モニタリング実施計画は、事業契約の締結後に、モニタリングの時期、内容、組織、手続き、様式等を盛り込んで策定し、発注者側の承諾を得て定められる。

　モニタリングは、発注者側にとって要求水準を満足するサービス水準の確保につながる一方で、民間事業者側にとってはサービス水準が未達だった場合には、支払いがペナルティとして減額されるという「支払メカニズム」になっている。

要求水準は性能規定により示されていることから、発注者側と民間事業者側との間で認識の齟齬が発生しやすい。そのため、アウトプット仕様（サービス水準）ごとに達成状況を見るための指標であるモニタリング指標には、KPI（Key Performance Indicator、キー・パフォーマンス・インジケーター、業績評価指標）を活用する等、可能な限り数値的な基準を盛り込んで客観的に整理することが求められる。

2-5 要求水準書を読み解く

◎要求水準書を読み解くうえでのポイント

ここで、改めて要求水準書を読み解くうえでのポイントを考えてみよう。

通常、要求水準書は総論及び要求水準の2つの項目で構成されている。総論には、事業全体を理解するために必要な情報が載っている。事業の背景や目的、あるいは発注者と民間事業者それぞれが果たすべき役割等も総論の中に示されている。いずれも見落としてはならない必須の確認事項である。

要求水準の項目には、「アウトプット仕様＝求めるサービス水準」が示される。インプット仕様の一部が織り込まれることもある。発注側は、発注者と民間事業者の間で認識の齟齬が生じないようにと気を配っており、その一環として、アウトプット仕様の中に可能な限り数値的な基準を盛り込む等、要求水準の具体化、明確化、精緻化に留意している。

一例として、病院運営に関するアウトプット仕様を見ると、まず業務単位（給食、清掃等）に分解し、各業務をプロセスに分解する。給食ならば献立作成、材料調達、調理、配食、片付け等に分けて、それぞれのプロセスにおけるサービス水準を提示する。例えば、配食に関しては「食

事の鮮度が重要なので、調理から配食までの時間を規定する」といった具合である。

　これらの仕様や情報が、的確で、誤解のしようがないものならば、民間事業者は迷わず、提案書づくりに取り組める。しかし、そうではないケースが多々あるのが現実だ。主な理由は、①アウトプット仕様の具体化、明確化、精緻化が行き過ぎると民間の創意工夫を縛ってしまうというトレードオフの関係から、発注側がブレーキをかけ、結果として的確性が欠けてしまう、②発注サイドの人材不足、経験不足から的確な要求水準書を書ける担当者がいない――等だろう。

◎不明点や疑問点が出てきたらどうするか

　何事も分からない時には聞くのが一番。PPP-PFI事業等の入札・公募においても、その鉄則は当てはまる。PPP-PFI事業の実務に精通しているコンサルタントやアドバイザーに、助言や指導を求めるのも方策の1つである。

　また、発注者側は大半の事業案件において、公募資料の公表後に「質問」の受け付けや「競争的対話」等を用意している。実際に、民間事業者からの質問や意見を踏まえて、要求水準書の修正版が公表されることも度々ある。こうした仕組みが整備されているので、民間事業者がその仕組みを活用しない手はない。

　仕組みを活用する際には、単に分からないところを聞いて疑問を解消するだけでなく、発注者が求めているものは何なのか、要求水準書からは読み取れることが難しい思いや真意を引き出すことにも留意してもらいたい。

　民間事業者と発注者が何度も対話を繰り返すことは、双方にメリットをもたらす。ただ、これらのやり取りは、原則として、すべてネット上でオープンになるので、ライバルとの差別化につながる"隠し玉"の領域は、あえて尋ねないといった作戦も民間事業者には必要である。

2-6 審査委員への対応

◎審査委員会の構成

　PPP-PFI事業で落札者や優先交渉権者を決める際、大きな影響力を持つのが学識経験者らで構成する審査委員会である。実質的に、審査委員会が落札者や優先交渉権者を決定するといっていい。

　審査委員会員のメンバーについては、総合評価一般競争入札方式で実施される場合は、地方自治法施行令第167条の10の2の規定に基づき、学識経験者を2人以上意見聴取のために委員として加える必要がある。公募型プロポーザル方式の場合には、学識経験者の規定はないが、公平性や透明性を確保する観点から、総合評価一般競争入札方式の場合と同様のケースが多い。

　学識経験者以外は、公共事業の経験が豊富な国・地方自治体等の職員、コンサルタントやアドバイザリー業務の受託企業、公認会計士や税理士、金融機関、団体の専門家等、合計5人から10人程度で構成するのが一般的である。

◎審査委員会のメンバーの傾向と対策を講じる

　審査委員の名簿は、入札説明書や落札者決定基準等に記載され、また国・地方自治体のホームページ上に公開される等、誰が審査に当たるのか、入札・公募の参画者は事前に審査員の顔ぶれを知ることができる。
　敵を知り、己を知れば百戦危うからず──。当該事業に参画しようとする民間事業者は、競合するライバル社を知ることはもちろん、自分たちの評価、選定にあたる審査員についても熟知したい。そのためには、日頃から審査員の言動をウォッチし、各人の学説や主張を掴んでおくことが大切であり、学会への参加や論文のチェックに労を惜しまず取り組

んでおきたい。いわゆるロビー活動も必要に応じて行った方がいいだろう。

　審査委員は公募段階で初めて明らかになるので、公募前では誰が就くのか分からない。ということは、日頃、ウォッチすべきは誰なのかも分からないではないか…。当然の疑問だが、実はPPP-PFIの専門家はある程度限られており、ごみ処理場系、病院関係、スポーツ関連施設等、分野ごとの専門家や学識経験者が存在しているのが実情である。そのため、「有力な学識経験者＝ウォッチ先、アプローチ先」を知ることはそれほど難しくないのだ。

　注意すべきは、いったん公募資料が公表されてスタートし、審査委員会リストがオープンになったら、入札・公募の参加者が審査委員に接触するのはご法度ということである。万一、接触が明らかになったら、参加資格が失効する。

　もうひとつ、審査委員、特に委員長クラスは掛け持ちで多くの仕事を抱えているため、綿密に応募書類に目を通す作業は、部下や後輩が当たるケースも有り得るという点にも注意が必要である。自分たちの若手の部下、後輩が読んで納得できる書類づくりも心掛けたい。

column 2

ストロングマネージャーとマネジメント

　さまざまな講演会で、「プロジェクト成功のカギはストロングマネージャーの存在だ」という話をすると、「ストロングマネージャーとはどのような人物なのか」とよく質問される。参加者の最も記憶に残る言葉がストロングマネージャーだとも聞かされた。

　ストロングマネージャーは、オールマイティであるとともに、人間性を兼ね備えているという高い要求水準が求められる人物。日頃から、研さんと努力を積み重ねて、周りの人から信頼されることも大切だ。参考までに当社のプロジェクトスタッフに指導している内容を図3に示す。ストロングマネージャーになるためには、スタッフを引っ張っていく、強いリーダーシップも欠かせない。

　そこでリーダーシップに関する名言を紹介したい。上杉鷹山の「してみせて、言って聞かせて、させてみる」という言葉だ。つまり、率先垂範すべしということである。ちなみに、上杉鷹山は江戸時代中期の米沢藩主で、借金だらけの米沢藩を立て直した名君だ。

1. プロジェクトマネジメント能力（リーダーシップ、先見性、戦略性　等）
2. コミュニケーション能力（理解、受容、共感、常識、マナー　等）
3. 幅広い知識（経営、マネジメント、建築、メンテナンス、公共政策　等）
4. 文章表現能力（文章表現、校正方法　等）
5. デザイン能力（建築図面、コンセプト図、その他図表　等）
6. ITスキル（パソコン、各種ソフト、システム　等）
7. 実務経験（事業企画・立上げ、プロジェクト推進、マネジメント　等）

図3　プロジェクトスタッフに求められる能力

旧日本海軍元帥の山本五十六は、鷹山の言葉に改良を加えた「やってみせ、言って聞かせて、させてみせ、ほめてやらねば、人は動かじ」という言葉を残している。人を動かすときはまず自分が率先して手本を示し、変化を促すときには相手を尊重するということだ。コンソーシアムのメンバーを動かすときや部下の育成等に当たっては、ぜひ五十六語録を思い出していただきたい。

　ところで、ストロングマネージャーとして人を動かしマネジメントしていくうえで、「現場主義」が欠かせない。事業提案書の作成において、美辞麗句を並べ抽象的な考え方を展開しても、現場をよく知っている審査委員には通じない。さらに、落札・選定後に事業を円滑に進めていくうえでも、「現場主義」が大切だ。

　これについては、野中郁次郎氏をはじめとする組織論の研究者6名によって執筆された『失敗の本質―日本軍の組織論的研究』（戸部良一、寺本義也、鎌田伸一、杉之尾孝生、村井友秀、野中郁次郎著、ダイヤモンド社）の中の言葉を引用したい。この本は、第二次世界大戦における日本軍の敗北を組織論の切り口で分析したものである。現代への教訓として①長期的展望に基づく戦略を現場と共有する、②現場の経験を反映して次の戦略を立てる、③自己革新的組織による知の総合力を発揮する、④過去の成功体験に固執せず、ものの見方を固定化しない――が重要であると指摘している。

　ストロングマネージャーとは、かくありたいものだ。社長業をしていると身に染みる内容である。私も社員に対して、つい「昔はこうだった」等といってしまうことがある。社会経済情勢が大きく変化し、個々人のニーズや考え方が多様化している今日においては、受容力をもって社員一人ひとりの意見や考え方に耳を傾け、次の事業展開に生かしていこうと肝に銘じている。

第3章
事業提案書作成のための体制づくり

3-1 最近の入札・公募結果のトレンド

◎地元の有力企業等を主体としたコンソーシアムの組成

　この章では、事業提案書作成のための体制づくりに関わるあれこれを説明する。

　まず、これまでの私自身の経験を踏まえ、最近の入札・公募結果に関するトレンドを以下に示す。体制づくりにあたっては、これらの内容を十分考慮する必要があろう。

　地方自治体が発注者となるPPP-PFI事業案件では、当然のことながら、事業を実施することによって地域の経済・社会の活性化への貢献が期待される。最近の提案書の評価においても、地域貢献策に関する配点が高くなってきた。そのため、地元の有力企業や団体、金融機関等を主体としたコンソーシアムを組成し、地域密着の事業展開を行うことが高得点につながっている。

◎提案内容の表現技量により評価点に差がでる

　同じような提案内容であっても、表現する技量が高く、効果が正確に伝わる方が高評価になっている。最近の提案書は、簡潔明瞭な文章表現だけでなく図表や写真等を活用する等して、提案内容が分かりやすい表現が求められている。

　また、提案書の見映えにこだわってよくするだけでは、高得点は得られない。他グループとの比較において、提案内容に民間事業者としての創意工夫が盛り込まれ、新規性、創造性、具体性等が発揮されていることが大切である。

◎勝負の分かれ目は価格だけでなく提案内容やプレゼンにもある

　価格で他グループに負けていても、提案内容の評価点の差で勝つということがある。このケースは、価格と提案の総合評価において、提案に関する評価点の配分が高く、提案内容を重視している事業案件に多く見られる。ただし、価格の差が約10%を超えていると、提案の評価点が高くても総合評価として勝つのは難しい。

　また、価格と提案が優れていても、プレゼンテーションの出来の良し悪しで評価が見直され、負けてしまうこともある。そのためにも、プレゼンテーションの準備は用意周到に行う必要がある。

◎審査委員の傾向と対策を行っておく

　審査委員が発表している文献や論文等にある考え方を理解して、提案内容に反映させるとともに、プレゼンテーションでの質疑応答を想定して対策を行っておくことが肝要である。

　また、公募資料が公表されてからの審査委員との接触は禁じられているため、日頃から関連学会や講演会等を通じて、キーマンとなる学識経験者の考え方を理解しておくのも大切であろう。

◎発注者側の意向や課題、事業特性等を早い段階から情報収集する

　PPP-PFI事業においては、公募資料の公表前に事業の発案や検討の段階がある。実際に、実施方針の公表時には、有力企業によるコンソーシアムの組成がほぼ出来上がっているケースもある。まちづくり計画等の上位計画や議会の議事録等に関連事業の情報がないか、日頃から目を通しておくことも大切だ。また、地域の有力企業や金融機関等とのリレーションを活用するとともに、マーケットサウンディング等を通じて、発注者側の意向や課題、事業特性等に関する情報を早めに収集しておくことも欠かせない。

◎建築デザインで大きな差がつくことがある

　美術館やスポーツ施設等の公共施設については、地域の歴史や文化、施設特性、地域住民及び発注者側の意向等を反映して、建築物の意匠性が重要視されることがある。例えば、地方自治体によっては、武道中心の体育施設であっても、モダンな外観が採用されることもあるので、発注者側の意向の把握は大事だ。

3-2　事業提案書とは

◎さまざまな提案書の名称

　PPP-PFI事業の入札・公募において、民間事業者が提出する書類としては、大きく分けて①参加資格に関する書類、②提案内容に関する書類、③設計建設に関する図面類、④価格に関する書類——等がある。これらの中で、提案内容に関する書類としては、公募型プロポーザル方式では「企画提案書」「提案書」、総合評価一般競争入札方式では「事業提案書」「業務提案書」「技術提案書」「提案書」、指定管理者制度では「事業計画書」「提案書」という名称が使われることが多い。

　本書においては、これらを総称して「事業提案書」、または略して「提案書」という名称を使って説明を行うことにする。というのも、これらのさまざまな提案書の作成においては、共通する基本的なノウハウがあるからであり、そのノウハウがPPP-PFI事業の実務に携わる人のお役に立てば、と考えたからである。

◎提案書の枚数

　かつて私が携わった公立病院PFI事業では、1部当たり1000枚を55

部印刷し、段ボールで約50箱を、チャーターした2トントラックで提出先まで運んだことがあった。公立病院PFIに限らず、PFI事業の初期の頃は、提案書の枚数で差をつけるという考え方も根強くあり、いたずらに枚数が増えていった。果たして、各社からの提出分も合わせると膨大な枚数となる提案書を、審査委員が限られた期間で読み込めるものだろうか。

最近では、提案書の提出枚数に制限がかかるようになり、作成する民間事業者側だけでなく、審査する発注者側も作業の効率化が図られている。なお、枚数が少なくなった分、提案内容を十分吟味して凝縮するとともに、表現技量を高める必要が生じてきた。

現在では、PPP-PFI事業における提案書としての枚数は、図面類を除いて1部当たり50〜100枚程度が一般的になっている。提出部数も10〜20部程度である。

指定管理者制度では、1部当たり30〜50枚程度で、提出部数10〜20部程度が一般的であるが、地方自治体によっては1部当たり10枚以内というところもあるが、もう少し枚数が多い方がいいのではと思う。というのも、指定管理者制度は事業期間が3〜5年あり、運営や維持管理等に関する業務が多岐にわたるため、提供するサービスの詳細や各業務の創意工夫等について、具体的な記述内容がかなり限られてくるからだ。

また、国土交通省の総合評価落札方式では、提案書は2〜8枚程度の事業案件が多いが、近年では提案内容の評価において優劣がつけ難くなってきており、国土交通省も苦慮している。そのため、差別化できる提案内容の吟味とともに、提案内容を「目的→手法→効果」で簡潔明瞭に示す等の表現技量を高めていくことが肝要だ。

◎事業提案書に盛り込むべき要素

改めて、「事業提案書とは」を取り上げてみよう。事業提案書は『事

業目的を実現するための具体的な行動計画が示された提案書』といえるであろう。したがって、中長期の観点から、目標や戦略・戦術等を表すことが重要になる。

　事業提案書に盛り込むべきこと、なくてはならない要素は「5W2H」に要約できる。新聞、テレビのニュース記事、ニュース原稿をはじめとする情報伝達のための文章は、すべて「5W1H」が基本パターンとなっている。5W2Hと5W1H。微妙に異なる両者を比較検討してみよう。

　5W1Hはマスコミ関係者のみならず一般の社会人あるいは学生たちも身につけるべき、文章を作成する際の基本中の基本を表している。広く知られた言葉だが、合計6つの中身について、6つを正しい順番でいえる人は意外に少ない。「いつ（When）、どこで（Where）、誰が（Who）、何を（What）、なぜ（Why）、どのように（How）」──が正解となる。

　では提案書の5W2Hとはなんだろう。答えは5W1Hに「いくらで（How Much）」を加えたものだ。

　まず、「Why」（なぜ、どんな目的で）＝応募の動機、事業理念等から記述して、以下、実施体制等の「Who」、施設やサービス提供の場を表す「Where」、サービス・プログラムの内容を説明する「What」、年次計画、実施時期の「When」、実施方針、ノウハウ活用等の「How」──と続いて、最後に収支計画を提示する「How Much」で締めくくる。

　以上が事業提案書の骨組みとなる。がっちりとした骨組みを築き、そこに屋根、壁や床を取り付けるように、各パーツを配していく。パーツの詳細は次章以降に記す。ここでは「事業提案書は生き物だ」ということだけ覚えてもらいたい。

　「生き物」の表現には、鮮度があって、すぐに陳腐化してしまうといった意味を込めている。また、その時々の関心事や課題を織り込み、時代を反映させることが大切な視点になるとの意味合いも含んでいる。

　例えば、高年齢者や女性の活用が、時代要請となっていることを踏まえて、「シルバー人材センターを通して高年齢者を運営従事者として積

極的に採用する」「女性も働きやすいように施設の工事現場に女子トイレ、更衣室等を整備する」というような事柄を提案書に書き込んでアピールしていきたい。

3-3　事業提案書の作成フロー

◎事業提案書の作成フロー

　図 3-1 は、事業提案書の作成に関わる一連の作業について、公募前、公募中、入札・公募後の 3 段階に分け合計 9 項目を示している。公募前にやるべきことは、案件情報、発注者サイドの意図、施設の特性等、当

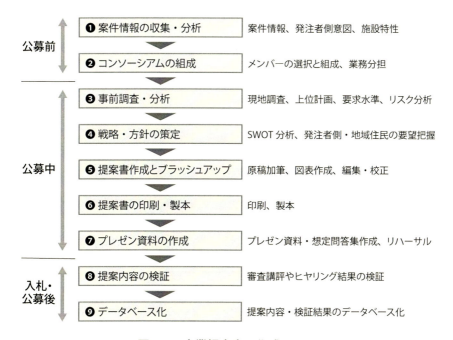

図 3-1　事業提案書の作成フロー

該案件に関わるさまざまな情報の収集・分析が出発点となる。続いて、どういったメンバー構成で事業に臨むのか、参加メンバーとそれぞれの役割分担を決定し、コンソーシアムの組成を公募前に固めておくことが必要だ。

　公募期間に入ったら、現地調査等を進める一方で、公募資料や上位計画を読み込み、事業コンセプトや要求水準等を把握する。諸々のリスク分析にも取り組む。これらの調査・分析作業を踏まえて入札・公募に向けての戦略や方針を策定。その際、自らの強み、弱み、機会、脅威をチェックするSWOT分析が欠かせない。

　発注者及び地域住民のニーズ・ウォンツを知ることも戦略・方針策定の大前提となろう。特に、地域住民のニーズ・ウォンツを把握するには、現地・現場に何度も足を運んで、気づきや知見を得ることが大切だ。事件捜査の基本姿勢として知られる"現場100回"はPPP-PFIの関連分野にもぴったり当てはまる。

　戦略・方針が定まったら、いよいよ提案書づくりに着手する。初期の原稿（第1稿）に添削、ブラッシュアップを重ねて完成度を高めていく。今の時代、読む人が分かりやすいように、提案内容を吟味して文章表現に磨きをかけることはもとより、図表等を多用してビジュアルに仕上げる等、表現技量を高めることが、高評価を得るための必要条件となっている。

　出来上がった提案書は、所定の枚数・部数だけ印刷・製本する。提案書と併せて、プレゼンテーションの準備も抜かりなく進めていく。準備作業の中身は、プレゼン資料や想定問答集の作成、プレゼンリハーサル等である。昨今、プレゼン重視の傾向が強まっており、万全に備えよう。

　首尾よく落札・選定できたら、発注者サイドとの折衝、コンソーシアム内の協議を経て契約を締結する。続いて、実行プロジェクトを組成し、実行メンバーを決め、メンバーそれぞれの業務内容を明確化する。

　一方、落札・選定に失敗した場合は、なぜ他社に負けたのか、敗因を

第3章　事業提案書作成のための体制づくり

事前準備
- 情報収集と事前の分析の実施
- 入札に向けての手順のマニュアル化とキーワード抽出
- プロジェクトリーダーの選定と体制の構築
- 地元の有力企業を巻込んだコンソーシアムの組成

提案作成
- 案件特性の把握（施設・地域・立地条件等）
- 現地調査の実施
- 発注者側の意図・発注文書に対する分析・検討
- 自らの強みや優位性の発揮と強調
- 案件特性に応じた加点項目や提案内容の検討と表現

入札・公募後
- 提案内容・評価に対する検証
- 提案内容・関連書類のデータベース化
- 提案内容のブラッシュアップ

図 3-2　作成フローの各段階におけるポイント

探ることが次への備えとして大きな意味を持つ。発注者サイドに敗因を尋ねると、たいていの場合、教えてくれるので、聞いておいて損はない。

◎**事業提案書作成フローの各段階におけるポイント**

図 3-2 は、事業提案書作成フローのうち「事前準備」「提案作成」「入札・公募後」の3つのフェーズについて、それぞれのキーポイントを列記している。事前準備では、入札に向けての手順のマニュアル化とキーワードの抽出、地元の有力企業を巻き込んだコンソーシアムの組成に気を配りたい。

提案作成では、前述の"現場 100 回"に基づいて、施設・地域・立地条件等の案件特性を把握し、案件特性に対応する提案を心掛けたい。入札・公募後の取り組みとしては、自らの提案に対する評価をきっちりと検証し、提案内容・関連書類等をデータベース化しておくことが次の案件の成約につながっていく。

3-4 現地調査の実施と現地情報の重要性

◎現地調査の重要性

図 3-3 は、現地調査の実施におけるポイントを示している。何らかの施設を建てる場合、怠ってはならないのが、施工現場に赴いて周辺地域を含めた現地・現場を綿密に調査することだ。例えば、近くに空き地があったなら、建設資材のストックスペースとして活用し、建設工事の効率化、工期短縮に役立てられるかもしれない。

現地調査では、学校や病院、老人ホーム等、公共・福祉施設の有無の確認や、商業地域か住居地域か、それとも住工混在地域かといった地域特性の把握が必須のテーマとなる。仮に小学校が工事現場の近くにあるのなら、通学路を迂回するルートで資材や重機を搬送しなければならないからだ。

◎現場だけでなく周囲の状況も調査

周囲の道路事情や交通量の把握も調査の基本となる。渋滞する時間帯

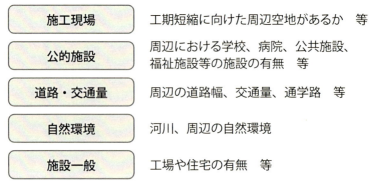

図 3-3　現地調査の実施におけるポイント

を避けるには、いつ、どういった順番で資材を運べばいいのか、資材搬送の時間から逆算すると、どんな作業工程を組むべきか等、道路・交通を起点に段取りを決める必要がある。

また、河川や森林、里山等、周囲の自然環境を知り、環境にやさしい施設を提案し、建設工法を選択するといったエコロジーの観点も忘れてはならない。

◎現場に立って施設が完成した姿を想像する

私が社会人として初めて入社したプラント会社で先輩から教わった話が、今でも頭の中に残っている。先輩曰く「プロジェクトマネジメントや設計を行う人間は、現場に立って図面から施設の完成した姿を思い浮かべ、施設がどう機能し、人がどう動くのかを頭に入れておかないと、いい仕事ができない」。施設や工事の現場周辺を「鳥の目」で俯瞰し、現場に立って「虫の目」で辺りを見渡して、人や車の流れを「魚の目」で観察する。鳥、虫、魚の3つの目を持って、現地・現場の理解に努めていただきたい。

その際、「神は細部に宿る」という格言にもあるように、「ディテール＝細部」も見落とさずに、ディテールから有益な"気づき"を得るセンスが大切だ。このセンスは一朝一夕では身につかない。刑事たちが実践する"現場100回"が必要なゆえんである。

3-5 提案力アップに向けた基本方針と方策

◎提案力アップに向けた基本方針

これまで説明してきた事業提案書の作成にまつわる諸々の作業について、ここで、改めて整理してみよう。図3-4は、自らの提案力を高めて

1	社内体制づくりと公募前からの周到な準備
2	自らの会社やグループの強みの発揮
3	発注者側の意図を十分理解した提案内容の検討
4	競争相手に対する優位性の提案書への反映
5	作業効率化に向けた標準化・マニュアル化と綿密なスケジュール管理
6	読みやすくわかりやすい表現力のある提案書の作成

図3-4　提案力アップに向けた基本方針

いくための基本的な方針をまとめたものである。

　まず、社内体制を確立し、公募前から周到な準備をする。自社やグループの強みを発揮するには、何をどうすればいいのか。一方、弱みを補うにはどんな顔ぶれのコンソーシアムを組成すべきか等を検討して、その答えを導き出す。

　次に、地方自治体等の発注者サイドの意図を十分に汲み取ることが重要な要件で、汲み取った意図を咀嚼し、よき提案へとつなげていく。提案書の中では、競争相手を想定して自社の比較優位点を強調するといったテクニックも必要だ。

　一連の作業を効率よく進めるには、作業全体を標準化、マニュアル化するのがいい。マニュアルは、過去に手掛けた案件からの経験則等を反映させて作成し、都度、新たな知見、経験を織り込むバージョンアップに努めたい。提案書づくりの実践においては、広範な作業を同時並行で進めるパターンが多いため、綿密なスケジュール管理が求められる。

　そして、これらの積み重ねが、読みやすく分かりやすい表現技量の優

れた提案書の作成に結び付くのだ。

◎社内体制づくり

　入札・公募案件を取りにいくには、まず社内体制の確立が欠かせない。具体的には、PPP-PFI専門の対策部署の設置、部署を統括するマネージャーの選任、営業活動を強化して案件情報の取得と周知等に素早く取り組むことである。さらに、設置された部署では、標準化やマニュアル化による業務効率化を進め、部署内での知識・情報の共有を徹底することも必要である。

◎ストロングマネージャーの存在

　これらの一連の取り組みの中で、最も大切なのは統括するマネージャーの人選であろう。その手腕いかんでプロジェクトの成否が決まるといっていいほど重きをなすのがマネージャーであるからだ。

　私は、かつて高知医療センターPFI事業の入札案件に携わったことがある。この時のコンソーシアムには、日本のゼネコンや商社に加えて、英国の公共サービス会社であるサーコ社（Serco Group Plc）が参画して、事業提案書の作成を行っていた。その際、サーコ社のスタッフにPPP-PFI事業を成功に導く鍵（Key for Success）は何かと尋ねたところ、返ってきた答えが「ストロングマネージャーの存在」という言葉であった。

　ストロングマネージャーとは、その名の通り、プロジェクトの遂行に必要な知識・経験やノウハウはもとより、リーダーシップや人間性を兼ね備え、大きな方向性を見極められる——そんなオールマイティのスーパーマンのような人材がストロングマネージャーと称される。

　実際のところ、世の中に完全無欠というような人は存在せず、パーフェクトなストロングマネージャーもあり得ないだろう。日頃から、経験と努力を積み重ねて、周りの人からも信頼されるようなストロングマネージャーに一歩でも二歩でも近づくことが大切である。

◎部署内でのナレッジの共有化

図 3-5 は、野中郁次郎氏が『知識創造の経営』(1990、日本経済新聞出版社) や『知識創造の方法論』(紺野登氏との共著、2003、東洋経済新報社) の中で示している考え方であり、組織の中で知識が想像される過程を、暗黙知と形式知という 2 つの知識の相互的プロセスとして説明したものである。

このプロセスは、以下の 4 つのパターンから構成される。
① 共同化 (Socialization) = 個人の暗黙知を組織の暗黙知とする
② 表出化 (Externalization) = 暗黙知を言語等の形式知へ変換する

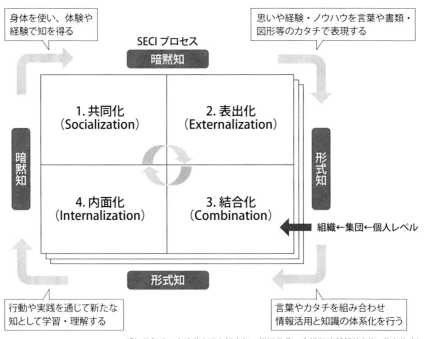

(「知識創造の方法論」野中郁次郎、紺野登著、東洋経済新報社を基に著者作成)

図 3-5　社内ナレッジの共有化に向けて：暗黙知と形式知

③結合化（Combination）＝複数の形式知を組み合わせ体系化する
④内面化（Internalization）＝形式知を暗黙知へ新たに落とし込む

各パターンの英語の頭文字を並べた「SECIプロセス」と呼ばれている。社内あるいは部署内で、ナレッジ（知識）の共有をどう実現していくのか、ナレッジマネジメントの有力な手法として身につけたい。

◎自らの強みを発揮するには

自社（グループ、コンソーシアム）の強みは何か、警戒すべき脅威はどこに潜んでいるか…。図3-6は、よく知られている「SWOT分析」の考え方であり、内部環境（自社）と外部環境（自治体、競合）、好影響と悪影響を掛け合わせた4象限（強み、弱み、機会、脅威）の事柄を例示している。自社の客観評価に有用なSWOT分析を用いて、クロス分析を行い、強みをより強くし、弱みを強みに変え、脅威を回避しながら、自らの強みが発揮できる事業案件に参画していくことが重要である。

図3-6　SWOT分析を活用した自らの強みの発揮

◎バランスト・スコアカード活用による戦略の策定

　提案内容を検討していくには、明確な目的意識と戦略性をもって当たらなければならない。その際、有効な手法としてBSC（Balanced Score Card、バランスト・スコアカード）の考え方を紹介しておきたい。

　図3-7は、BSCに基づく戦略策定の手順を表している。BSCは、1990年代初めに、米国のロバート・キャプラン（Robert Kaplan、ハーバードビジネススクール教授）とデビッド・ノートン（David Norton、コンサルタント会社社長）らにより考案された経営戦略立案と実行評価のためのマネジメントツールである。

　BSCはSWOT分析をベースにしており、SWOT分析の結果を踏まえて、「顧客」「財務」「業務プロセス」「学習と成長」の4つの視点から戦略マップを作成し、ターゲットの設定やアクションプランの作成につなげる仕組みとなっている。

■ 戦略策定のステップ

❶ SWOT分析の実施	クロス分析による課題の抽出
❷ 戦略マップの作成	4つの視点に基づく洗出し（顧客、財務、業務プロセス、学習と成長）
❸ 戦略目標（KGI）の決定	KGI：Key Goal Indicator
❹ 重要成功要因（CSF）の決定	CSF：Critical Success Factor
❺ 業績評価指標（KPI）の確定	KPI：Key Performance Indicator
❻ ターゲットの設定	KPIの具体的目標数値
❼ アクションプランの作成	目標達成のための実行具体策
❽ モニタリングの実施	KGIとKPIに基づく監視、評価

（❸❹❺：スコアカード）

図3-7　BSCを活用した戦略策定のステップ

第3章　事業提案書作成のための体制づくり

　KGI（Key Goal Indicator、戦略目標）、CSF（Critical Success Factor、重要成功要因）、KPI（業績評価指標）がスコアカードと呼ばれるもの。この3つを決めたうえで、KPIの具体的数値目標となるターゲットの設定、目標達成のための実行具体策となるアクションプランの作成、KGIとKPIの観点からのモニタリングの実施――と進展させていく。

　PPP-PFI事業に関して、私自身が作成したBSC活用例を図3-8に示した。縦軸には顧客の視点をはじめとする4つの視点を、横軸には戦略マップ、KGI、CSF、KPI、ターゲット、アクションプランを並べて、縦横マトリックス表記により全体像を表している。

　例えば、顧客の視点からのKPIとしては「施設利用率」や「要望とクレームの内容と対応件数」を挙げており、各KPIそれぞれにターゲット（目標値）を設定し、目標をクリアするため「ヘルプデスクの設置」

区分	戦略マップ（顧客満足度向上）	戦略目標 KGI	重要成功要因 CSF	業績評価指標 KPI	ターゲット（目標値）	アクションプラン
顧客の視点	顧客満足(CS) ― 自治体側の信頼性向上	・魅力あるサービス ・安全・安心で快適な施設環境 ・公民パートナーシップ（PPP）	・利用者満足度の向上 ・利用者層の拡大 ・ニーズや要望への対応	・利用者満足度調査の結果 ・施設利用率向上 ・要望やクレームの内容と対応件数	○○% ○○% ○○件/年	・利用者満足度調査の実施 ・第三者モニタリングの実施 ・ヘルプデスクの設置
財務の視点	管理運営側経営安定	・管理運営側の経営安定 ・経費の縮減	・収入の増大 ・原価率の低減	・収入増加率 ・原価率の削減率	○○% ○○%	・データベースの構築 ・データの分析・検討
業務プロセスの視点	質の高いサービス提供 ― 業務効率化 ― 一体的管理運営	・一体的なマネジメント体制の構築 ・業務品質の確保 ・業務の効率化	・明快な業務執行体制とリーダーシップ ・業務の標準化とマニュアル化 ・業務間の連携体制	・会議体の内容と開催件数 ・マニュアル化件数 ・サービスレベル評価基準（SLA）の達成率	○○回/年 ○○件/年 ○○%	・各種会議体の整備と実施 ・業務標準化委員会の設置 ・業務監査の実施
学習と成長の視点	職員満足(ES) ― モチベーション向上 ― コミュニケーションビジョン共有化	・職員満足度の向上 ・優秀な人材の確保と育成	・ビジョン、ナレッジ共有の仕組み構築 ・モチベーション向上の取り組み	・教育研修等の実施回数 ・報奨者数	○○回/年 ○○人/年	・教育研修の実施 ・報奨制度の実施

図3-8　BSCの参考例

等のアクションプランを掲げている。

BSC の考え方で特に重要なのは、提案項目や内容を検討する際に、顧客、財務、業務プロセス、学習と成長の 4 つの視点に立って吟味するとともに、KPI とターゲット（目標値）が定量的に評価できるよう、具体的数値となっているかどうかである。

なお、BSC は病院マネジメントや地方自治体等の一部で採用されているが、社員やスタッフ全員にこの考え方や手法を浸透させることは難しい側面もある。そのため、参考までに、当社では**図 3-9** に示すような目標管理制度を取り入れている。年度毎に、4 つの視点に基づく課題や具体的目標を設定するとともに、達成方法に定量的な数値目標を記入させ、半期毎にレビューしている。また、毎週の全体ミーティングで、社員 2 人が 4 つの視点のテーマに基づいて 3 分間スピーチを行う等、日頃からの意識付けを人材教育の一環として実践している。

目標管理シート

対象期間	2014年11月 ～ 2015年 6月

氏名		所属		役職		年令	歳	勤続期間	年 ヶ月

業務上・組織上の自己の役割認識	① ② ③

※ 目標課題設定にあたっての視点 ①顧客 サービス向上、顧客満足)、②財務 売上増加、コスト削減)、③業務プロセス 効率化、標準化)、④学習と成長 自己啓発、組織力)

No.	視点	課題とその内容、具体的目標 簡潔に)	達成方法	結果
1	顧客満足度の向上 サービス・品質の向上に向けて)			
2	売上増加に向けた貢献 新規顧客・新規分野の開拓・受注の拡大に向けて)			
3	組織力の強化 後進の指導・育成、外部協力者の発掘、社内コミュニケーションの促進に向けて)			
4	業務プロセスの工夫・改善 効率化、時短、標準化、ミスの撲滅に向けて)			
5	自己啓発 スキルアップ、知識習得、資格取得に向けて)			
6	その他 上記以外の課題、解決に向けた取り組み、目標などを記載)			

図 3-9　目標管理制度の参考例

◎競争相手に対する優位性の提案書への反映

　PPP-PFI案件の受注獲得に向けた体制整備では、社内と併せて社外を巻き込んだ組織づくりが欠かせない。案件が大きくなればなるほど、社外の各方面とスクラムを組む必要性も大きくなる。図3-10は、どのようなメンバーでコンソーシアムを組成すべきかを示している。

　ゼネコン、設計会社、運営会社、コンサル、金融機関…。最適かつ最強なチームを目指し、関連する企業を網羅的に集めることが求められる。その際、地元の建設、設計、設備、運営、維持管理等に関する有力企業をメンバーに加えることが、地方創生、地域活性化といった観点から重要で、審査時の評価ポイントの1つともなる。

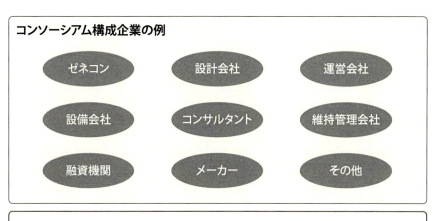

図3-10　コンソーシアムの組成

◎作業効率化に向けた標準化・マニュアル化と綿密なスケジュール管理

　社内体制を整備する一環として、これまでに作成した事業提案書をはじめとする関連書類を整理し、DB（データベース）化することを忘れてはならない。前述の暗黙知、形式知の SECI プロセスがナレッジの共有に有用なのに対して、DB 化は情報の共有を実現するうえで必須の取り組みとなる。

　受注を獲得できた成功案件はもちろん、他社に持っていかれた失敗案件の事業提案書等も、価値ある貴重なデータとなる。全てを網羅して有効活用することが、優れた事業提案に直結する。

　事業提案書と併せて、審査講評の DB づくりも欠かせない作業となる。ほとんどの入札・公募案件では、審査講評や事業者選定過程、客観的評価の結果といった類いが自治体ホームページ等に公表される。それらオープンになっている審査講評等を分野別にとりまとめる等、関連案件の傾向を把握・分析し、分析結果を提案書に生かしたい。

　講評の DB 化と関連して、自社が携わった案件の事後検証も常に心掛けたい。事後検証とは、落札できなかった案件について、敗因を探る作業。発注者サイドにヒヤリングし、何が不足したのか、どこがマイナス点だったのか等を突き止める。担当者にとっては気が進まない面もあろうが、事後検証をするとしないでは大違い。常に事後検証を実施して DB に蓄えることを習慣づけたい。

column 3

ジョハリの窓とコミュニケーション

　当社の組織体制には、主として提案書の作成やコンサルティングを行うプロジェクト統括部、グラフィックデザインや3DCGパース等を制作するビジュアルデザイン部、マーケティングや顧客のフォローを行うマーケティング部の3つの部門がある。各事業案件の提案書の作成には、各部門からの社員が複数名でチームをつくって、顧客のサポートに当たっている。いわゆるタテ・ヨコの関係を持つマトリックス組織のような形態だ。

　このような組織形態において、悩ましいのが社員同士や社員と顧客とのコミュニケーションのとり方だ。社員はといえば、さまざまな専門性や経歴を持つ転職組が多いため、より一層、神経を使う。社員同士のコミュニケーションをよくしようと、全体及び部門間のミーティングの開催をはじめ、福利厚生として、社内クラブ活動、社員旅行、ビンゴ大会等を行っているが、やはり日頃の業務の中でのコミュニケーションが欠かせない。

　昼間のレビューやコーチングとともに、叱った後はできるだけ夜の飲み会に誘うことも実践している。お酒が強くなるわけだ。

　社員と顧客とのコミュニケーションはより大事だ。顧客と一緒に提案書をつくっていく際には、顧客にいわれたことだけを行うのでなく、社員の方から提案していく姿勢を持てと日頃から指導している。また、仕事は待っているだけでは、いずれ顧客に忘れられてしまうので、定期的に訪問して顧客のニーズ・ウォンツを把握するようにしている。ビジネスのヒントは、常に顧客のところにあるものだ。

　コミュニケーションの大切さを社員に教えていくのは、結構大変である。社員が自分から積極的に実践していけばよいのだが、「自分が変われば相手も変わる」「自分と対話する」という話をしても、なかなかピンとこないらしい。

　こんな時に、「ジョハリの窓」の考え方をよく話すので、ここで紹介したい。

ジョハリの窓とは、1955年にサンフランシスコ州立大学の心理学者ジョセフ・ルフト（Joseph Luft）とハリー・インガム（Harry Ingham）が共同で発表した心理学上の自己分析モデルである（**図4**）。

　自分も他人も分かっている「開放の窓」を大きくしていくことが、円滑なコミュニケーションにつながると考えられている。そのためには、他の3つの窓を小さくしていく必要がある。まず、自分のことを周囲にもっと分かってもらえるよう働きかけ、「秘密の窓」（自分には分かっているが他人には分からない領域）を小さくする。次に、周囲からの自分に対する指摘や意見を取り入れて、「盲点の窓」（自分には分からないが他人には分かっている領域）を小さくする。これにより、「未知の窓」（自分も他人も分からない領域）も自然と小さくなっていくが、未知へのチャレンジにより誰からもまだ知られていない自分に気づき、自己が開花し成長できるというのだ。

　このことを自分自身でよく理解すれば、自分から進んで周囲に働きかけ、他人の意見に耳を傾ける習慣がつき、コミュニケーションが円滑になって、対人関係によるストレスも軽減されていく。覚えておいて損のない「ジョハリの窓」である。

	自分は分かっている	自分には分からない
他人は分かってる	開放の窓	盲点の窓
他人には分からない	秘密の窓	未知の窓

図4　ジョハリの窓

第4章
事業提案書作成の プロセス

4-1 事業提案書作成に向けた4段階

◎事業提案書作成を4つのフェーズで捉える

事業提案書はどんな手順で作成するのか…。勧めたいのは、準備から仕上げまでを4等分し、各フェーズ（段階）で、それぞれでやるべきことを明確化する方式だ。4つのフェーズは「作成準備」「ドラフト（草稿）作成」「編集・校正」「仕上げ」に分けられる。

図4-1は、各フェーズにおいて提案書をどのような完成度までもって

	第1フェーズ 作成準備	第2フェーズ ドラフト作成	第3フェーズ 編集・校正	第4フェーズ 仕上げ
提案書	・提案書作成方針の策定 ・提案骨子の検討	・1次原稿の作成 ・提案内容の洗い出し	・2次原稿の作成 ・提案内容の分析・検討	・最終提案書の作成 ・集中作成
作業内容	・公募資料の読込み ・要求水準書の精査 ・現地調査 ・コンセプトの明確化 ・加点項目の分析・検討 ・モック（提案骨子）に沿ったブレスト ・提案書フォームの作成 ※見積資料の作成・手配	・1次原稿の作成 ・提案書フォームへの入れ込み ・1次図表等の作成 ・挿入写真の収集 ・1次原稿の編集・校正 ・1次原稿の読み合わせ ※事業収支の集約	・提案書の貼り出し ・提案内容の分析・検討 ・2次原稿の作成 ・2次図表等の作成 ・2次原稿の編集・校正 ・提案書の読み合わせ ・印刷準備 ※事業収支の見直し	・提案書の読み合わせ ・提案内容の精査 ・要求水準との対比・検証 ・最終提案書の編集・校正 ・印刷手配・落丁チェック ・提案書の差し替え ※事業収支の完成・承認
関連書類	・スケジュール表 ・業務分担表 ・提案書フォーム ・モック ・禁則（用語）集 ・枚数確認表 ・ファイル管理表 ※募集要項・上位計画	・過去の類似案件資料 ・1次原稿資料 ・1次図表・写真	・融資確約書 ・入札前協定書 ・株主間協定書 ・関心表明書	・入札申請書 ・事業提案書 ・設計図面類 ・事業収支計画書 ・添付資料 ・電子データ ・ファイル・仕切り・ラベル等

図4-1 事業提案書作成の4段階

第4章 事業提案書作成のプロセス

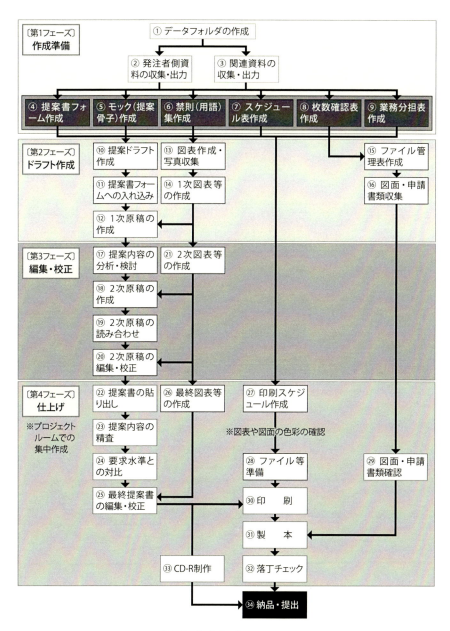

図4-2 事業提案書作成のフローチャート

いくかを示すとともに、そのために必要な作業内容及び関連書類をまとめている。また、図4-2は、各フェーズにおける一連の作業の流れをフローチャートで表している。ここからは図4-2をもとに話していこう。

◎4つのフェーズの期間

PPP-PFI事業では、公募資料が公表されてから事業提案書の提出までは、2～5カ月程度であるのが一般的である。最近の空港コンセッション案件等のように、1次2次提案を含めると1年にも及ぶものもある。案件にもよるが、入札・公募に参画する民間事業者にとって、提案内容を十分に検討してブラッシュアップしていくには、3カ月以上は欲しいところである。なお、指定管理者制度では、公募から提案書の提出まで1カ月以下のこともあるが、本来は2カ月以上は必要であろう。

各フェーズの期間は、単純に割り算をすると、0.5～1.25カ月となるが、第2フェーズのドラフト作成に十分な時間を費やすのが望ましい。これから、各フェーズの作業内容等を紹介する。

◎第1フェーズ：作成準備

第1フェーズの「作成準備」では、公募前からいち早く準備作業に着手することが肝要だ。『段取り八分』というように、事前の準備が作業全体に占めるウエートは極めて大きい。事業案件の公告前に入札説明書や要求水準書の「案」が公表され、質問事項を受け付けることがある。このような場合には、公表された資料を読み込んで、不明点や疑問点を質問として確認すべきだ。なぜなら、この時点の方が発注者側にとっても、入札説明書や要求水準書の修正がしやすいからだ。

公告が出たら、提案書の作成方針の策定と併せて、公募資料や上位計画の読み込み、要求水準書の精査、現地調査、コンセプトの明確化、加点項目の分析・検討等、さまざまな作業を逐次あるいは同時並行的に進めていくことが求められる。

発注者側資料（図4-2 ②）や関連資料（③）等、膨大な資料を収集しなければならないが、その整理のために、「データフォルダ」（①）を作成して格納し、必要な資料を出力しておく。また、提案書を効率的に作成していくために、④〜⑨の提案書フォーム、モック（提案骨子）、禁則（用語）集、スケジュール表、枚数確認表、業務分担表——といった各書類を用意する。さらに、事業収支の算出と見直しの時間確保のために、見積資料の作成・手配を早め早めに行うことを忘れてはならない。

提案書のコンセプトの明確化や加点項目の分析・検討に当たっては、モックに沿って、コンソーシアム内の実務者レベルを中心としたブレーンストーミングを行うことが望ましい。

◎第2フェーズ：ドラフト（草稿）作成

作成準備段階に続く第2フェーズが「ドラフト」、つまり草稿の作成だ。⑩〜⑭に記したドラフト作成、図面作成・写真収集、提案書フォームへの入れ込み——を行い、一方でファイル管理表の作成（⑮）、図面・申請書類の収集（⑯）にも取り組む。

ドラフトは出来次第、提案書フォームに入れ込み、1次原稿として作成していく。その際、過去の類似案件の資料を検討、分析し、分析結果に基づいて提案内容を洗い出す。また、文章作成と併せて、挿入する図表や写真の作成・収集を進める。ビジュアルで分かりやすい提案書が求められる昨今、図表や写真の重要性は高まるばかり。効果的な使い方を心がけよう。

事業収支については、この段階で概算見積を集約してみる。全体の想定金額に対して、下回っていることは少ないが、どの程度オーバーしているかを見極めた上でコストダウンの方策は練っていこう。

◎第3フェーズ：編集・校正

1次原稿が出来上がったら第3フェーズ「編集・校正」に移行する。

提案内容の分析・検討を深めて、1次原稿を2次原稿にブラッシュアップするのがこの段階だ。⑰〜㉑の提案内容の分析・検討、2次原稿の作成、読み合わせ、編集・校正、2次図表等の作成——が第3フェーズでの仕事となる。

原稿のブラッシュアップでは、図面や写真の見直しや修正等も伴う。こうして出来上がった2次原稿、2次図表等をさらに読み合わせ・編集・校正をして最終原稿に近づけていく。この時期になると、融資確約書、入札前協定書、株主間協定書、関心表明書等、関連書類を整えることも必要だ。

事業収支はこの段階で見直しに入り、ターゲット金額に近づけていくための創意工夫やコンソーシアム内でのハードネゴが繰り返される。

◎第4フェーズ：仕上げ

続いて、いよいよ最終、第4フェーズの「仕上げ」段階を迎える。㉒〜㉖に示すように、プロジェクトルームの壁に提案書を貼り出し、コンソーシアムの中心メンバーがプロジェクトルームに集合して、数日間にわたり集中作成を行うことで、効率的な作業が期待できる。

㉗〜㉞に示したように、印刷スケジュールを作成し、ファイルやラベル等の準備、図面・申請書類の確認、印刷、製本、落丁チェック、CD-R（デジタルデータ）制作を経て、最後の納品・提出をもって作業は完了する。

2次原稿を最終の事業提案書に仕上げるに際しては、提案書の読み合わせを行い、提案内容の精査、要求水準との対比・検証、最終原稿の編集・校正、印刷手配・落丁チェック、提案書の差し替えといった作業に集中的に取り組む必要がある。当社がサポートする場合には、コンソーシアムの中心メンバーが、第3フェーズの編集・校正段階から継続するか、または改めてプロジェクトルームに集合して集中作成を行っている。

事業収支もこの段階では概ね完成の運びとなるが、コンソーシアムを構成する各社では、稟議を経ての承認が必要になるため、早めのアクショ

ンをとっておこう。

　仕上げの作業は、体操競技の鉄棒や跳馬の「着地」に相当する。着地が演技全体の出来映えを大きく左右するように、仕上げの巧拙が提案書の優劣に直結するので、細心の注意を払って仕上げに臨みたい。

4-2　様式集（フォーム）の作成

◎様式集とは

　様式集とは、発注者側が、民間事業者等に求める提出書類の一覧や記載要領等を網羅したもの。

　ある市立小学校の空調整備PFI事業を例にとると、求める提出書類は、入札説明書等に関する質問書、入札参加表明書、入札参加者構成表からはじまって、設備工事実績調書、入札提案書提出届兼誓約書、入札書、入札金額内訳書、事業実施提案書、SPC設立計画書、資金調達計画書等々、その総数は優に50種類を超えている。

　それぞれの記入要領としては、「本書及び添付の様式等に記載された指示に従った明確・具体的な記入を」と指示されている。そのうえで「電子データの提出は、様式一覧に記載のファイル形式（Word形式あるいはExcel形式）とPDF形式の2つの形式で保存」「提出する文字の大きさは原則として10.5ポイント以上に」「説明図表等を適宜使用してかまわないが規定の枚数に収めて」等と留意点をきめ細かく示している。

◎見やすさと読みやすさを踏まえた統一フォームの作成

　各地方自治体の様式集は大同小異なため、何回か入札を経験すると自ずと勘所が分かってくる。様式集に基づいてさまざまな書類を作成するわけだが、事業提案書をはじめとする主要な書類は、見やすさ、読みや

すさを追求した統一フォームに即して作成することが望ましい。

　では、どんな統一フォームがいいのか、そのためのキーポイントは何なのか…。まず、発注者側が提案書を開いて見ることができるソフトやフォントを使用しなければならない。一般的には、提案書部分はワード（Word）、設計仕様や事業収支等の表形式の部分についてはエクセル（Excel）を使用するが、提出時にはPDFデータの作成を求められることがある。

◎フォントの種類と大きさ

　文章中の文字のフォントは、「MS明朝」「HG丸ゴシックM-PRO」「HGゴシックM」等が使われることが多いが、使用するフォントに合わせて文字の色も黒の濃さを80〜100%で調整するといい。文章中の文字の大きさは、10.5〜11ポイントが一般的だが、たまに10ポイント以上や12ポイントという指定も見受けられる。

　図表中の文字については、発注者側からの指定がほとんどないが、表の中の文字は最低でも8ポイント、できれば9ポイント以上の方が見やすい。図の中の文字は、印刷機の解像度にもよるが、6ポイント以下は見えにくいので注意が必要だ。

◎枠線、タイトルバー、階層

　枠線については、発注者側から提示された様式集に枠線が入っていることが多いが、指定がない限りは、ある程度、枠線の色や線の太さを変えたり枠線を広げたりすることは許されている。ただ、ファイル綴じして提出する際には、穴あけが必要なため、その分の余白は確保しておこう。

　タイトルバーについては、各様式の提案書の制限枚数が少なくなっている今日、これまでよく使用されてきた濃紺に白抜き文字のタイトルバーは、見栄えの観点から少なくなりつつある。

　章・節・項・条といった文章の区切りや階層については、■、◇、1・

2・3…、(1)(2)(3)…、①②③…、A・B・C…のどれを用いるかは、見やすさ、読みやすさと修正のしやすさの両方に大きく影響するので、最適な選択を心がけたい。

見やすさ、読みやすさのほか、上記の第1フェーズから第4フェーズまでの編集・校正作業を考えると、修正がスムーズにいくようなフォームにすることも重要だ。

◎印刷機と印刷用紙

提案書を印刷する印刷機は、メーカーによって印刷特性が異なるので、印刷前に試し刷りをして色調等を確認しておく。印刷する際には、Wordからのダイレクト印刷を行った方がいい。PDFファイル等に変換してから印刷すると、図表や図表中のフォントがクリアでなくなることがあるからだ。

また、提案書を印刷する用紙は、印刷インクが滲みにくく、読む人の目に優しい抑え気味の白色度にするとともに、めくりやすさにも配慮してベストな紙を選択することは忘れないでおこう。

4-3 モック（提案骨子）の作成と提案内容の整理

◎モックとは

通常、民間事業者は、発注者サイドが示した様式集の求めに応じて各種の書類づくりを進めていく。その際、思いつくまま、様式集に直接、記入し始めると、全体が見えなくなり、ミスが生じやすくなる。

そこで、勧めたいのが、モックを使って提案内容を整理していく手法だ。モックとはモックアップを縮めた言葉で、提案骨子を意味する。様式集をエクセルに落とし込んだ図4-3がモックの実例となる。

PPP-PFI事業提案書の作り方

- ■ 加点ポイントの整理（どこで強みや優位性を発揮して点数を稼ぐのか）
- ■ 様式集に直接に思いつきで記入を始めると、全体が見えなくミスが多い
- ■ キーワードや要求水準漏れ、内容のダブり、移動作業の繰り返し等の防止

様式番号	様式タイトル	枚数	大項目	中項目	審査のポイント	提案内容・キーワード
	〈事業計画〉					
1-1	資金調達					
1-2	リスク管理					
1-3	地域経済への貢献					
1-4	事業実施体制					
	〈設計・建設〉					
2-1	設計・建設方針					
2-2	配置計画及び動線計画					
2-3	外観デザイン、外構計画					
2-4	屋内計画					
2-5	環境への配慮					
	〈維持管理〉					
3-1	維持管理方針					
3-2	修繕計画					
3-3	清掃業務					
3-4	設備保守業務					
3-5	維持管理のモニタリング					
	〈運営〉					
4-1	運営方針					
4-2	人員配置					
4-3	運営のモニタリング					

図4-3　モック（提案骨子）による提案内容の整理

　様式タイトルの資金計画、リスク管理、地域経済の貢献…等の項目を縦軸（行）に記載し、横軸（列）には審査のポイントや提案内容・キーワードといった項目を記す。

◎モックから提案内容の全体を俯瞰する

　行と列が交差するマス目を埋めていくことで、全体を俯瞰しながらの提案内容の骨子作成が可能となる。その際、どこで強みや優位性を発揮して点数を稼ぐか、つまり加点ポイントはどこなのかといった見極めが大切になる。エクセルの一覧表に表すことで強み、弱みが一目瞭然となるので、加点ポイントを容易に見いだせる。

例えば、資金計画、資金調達において、複数の大手企業を巻き込んだコンソーシアムやSPC（特別目的会社）を設立したグループであれば、資金量の豊富さ等を記載でき、それが大きな加点材料となったりする。

◎提案内容の漏れやダブリを防止する

　一覧表を俯瞰しながらの作業は漏れやダブリの防止にも役立つ。作業の進め方としては、左上のマス目から順番に埋めていくやり方より、得意分野から、あるいは書きやすいところから進めていく方がいい。

　受験のハウツーとして、答えやすい問題から解くテクニックがあるが、モックづくりも同様だ。

◎モックを活用したブレーンストーミング

　モックが出来上がったら、関係者が集まってブレーンストーミングを行う。モックに基づいて、「これで本当に点数を稼げるのか」「要求水準に未達の部分はないのか」等、多面的な視点でガンガンやり合いながら、いろいろなアイデアを出すのがブレーンストーミング。

　その場で中身の濃い議論をすることが、モック活用の要諦となる。

4-4　用語（禁則）集の作成

◎あたかも1人が書いたかのように

　膨大な量となる提出書類の作成はどんなに頑張っても1人では無理。社内外の人たちで構成するチームメンバーが分担して書き進めていく。その際、各人がバラバラの用語を使ったのでは、読みやすさ、分かりやすさの観点から大きな減点材料となってしまう。

　そのため、あたかも1人が書いたかのように用語の統一を徹底したい。

- ■「総括責任者」「統括管理責任者」「お客様」「利用者」「市」等
- ■ 使用する役職名や言い回し、言葉遣いを統一させる
- ■ ルール決めはするものの、柔軟に対応（厳密に行うと収拾がつかなくなる）
- ■ 社会的弱者への表現の配慮（障害者）

○（使用語句）	×（該当語句）
私たち	わたしたち、私共、我々、当グループ、本グループ
市、市職員	貴市、市職員様、職員殿
本事業	当事業、当該事業、この事業、当整備事業
本施設	当施設、当該施設、この施設
本提案書	本提案
子ども	子供
高年齢者	老人、お年寄り、高齢者
障害者	障がい者

図4-4　禁則（用語）集づくり

◎統一したルールを定める

　図4-4は、用語（禁則）集の一例。「私たち」を統一用語とし、「わたしたち」「私共」「我々」「当グループ」「本グループ」は使わないといった取り決めを表している。

　「本施設」が○で、「当施設」「当該施設」「この施設」は×、「高年齢者」が○で、「老人」「お年寄り」「高齢者」は×、等と統一ルールを定めることは、書類作成の前段階で行っておこう。

◎社会的弱者への配慮

　社会的弱者への配慮や差別用語の禁止の徹底も忘れずに。中には、どの言葉を使ったらいいのか、迷ってしまう用語もある。「障害者」がその典型。「障がい者」とするか「障碍者」の方がいいのか、それとも「障害者」のままで問題ないのか…。

　実は、この言葉は行政機関の中でも、また新聞、雑誌をはじめとする

メディアの間でも統一されていない。逆にいえばどれを使ってもいいことになる。「障害者」「障がい者」「障碍者」の三択問題を決める際、留意すべきは募集要項等、発注者サイドの資料を確認するということだ。

もし、募集要項に「障害者」と載っていたならば、「障害者」で統一するのが望ましい。社会的弱者に限らず、どの用語でも同様に、募集要項等に出ている言葉を統一用語として活用することを勧めたい。

以上、用語集、禁則集について説明してきたが、100％全てを当てはめるのは現実的ではない。文章の流れ、文脈等により、異なる言い回しを使った方が望ましいケースもあるからだ。

完全を求めると収拾がつかなくなるので、あくまで原則は原則、例外も認めるという柔軟な姿勢で臨みたい。

4-5 スケジュールの策定と管理

◎提出期限から逆算して考える

社内外の大人数の共同作業となる提案書の作成業務では、作業全体のスケジュールを事前に的確に定めて、計画通りに進めるスケジュール管理が重要だ。

スケジュールを策定する際の基本は"逆算方式"、つまり書類提出日等、締め切りからさかのぼって、いつまでに何をするか、何がクリティカルパス（重大な経路）となるのかを明確にしながら、逆算して決めていく。

◎集中作成時期を起点にスケジュールを割り振る

作業フローは前述した通り、作成準備（第1フェーズ）、ドラフト作成（第2フェーズ）、編集・校正（第3フェーズ）、仕上げ（第4フェー

ズ）——の4段階に分けるのがいい。仕上げの第4フェーズが集中作成時期となる。この集中作成時期を起点に、第1～第3フェーズのスケジュールを割り振っていく。

各フェーズの期間は、まず4等分してみる。全体で2カ月程度の案件なら2週間ずつ、3カ月案件なら3週間ずつが基本パターンとなる。案件によっては、4等分ではなく長め、短めのフェーズを臨機応変に設定する。私の経験則からは、ドラフト作成の第2フェーズが重きをなすことが多いので、第2フェーズの期間を伸ばすのがいいかもしれない。

◎印刷期間や予備日を盛り込む

スケジュール策定に際しては、印刷のボリュームを考慮し、大量の印刷物が必要ならば、印刷期間を織り込むといった気配りが必要。また、どんな案件でも、スケジュールより遅れるケースが生じるのは避けられないので、土・日・祝日を予備日として設定することも心がけたい。

固まったスケジュールは一覧表にまとめ、メンバー全員で共有する。各作業の進捗状況をスケジュール表に適時書き込んで、スケジュール全体の管理につなげていこう。

4-6 プロジェクトルーム活用による集中作成

◎プロジェクトルームでの合宿

仕上げの集中作成期間では、提案書作成に関わるメンバー全員が集まって同じ場所、空間で作業することを強く勧める。ベックスでは、その空間を「プロジェクトルーム」と呼び、プロジェクトルームに集まることを「合宿」と称している。

合宿の期間は1週間から長くて2週間。メンバー数は5、6人から最

- ■ 作業の効率化：スペースや機材・設備の確保、作業時間の自由度
- ■ コミュニケーションの活性化：情報の共有、迅速な打ち合わせと対応、仲間意識の醸成
- ■ スケジュール管理：進捗状況が一目瞭然、常にデータは最新版
- ■ セキュリティの確保：関係者以外の立入り禁止

図4-5　プロジェクトルーム

大20人程度。プロジェクトルームの壁に提案書等を全部貼り出して、参加者全員が共有できるようにする。

　合宿の前段階として、1日か2日、各人が作成した書類を持ち寄って突き合わせながら共同作業をする「ミニ合宿」も実施していただきたい。私自身、数多くの経験を通して「合宿、ミニ合宿がいかに有効か」を肌で感じているからだ。

◎**集中作成のメリット**

　集中作成により、情報共有を徹底することで、迅速な打ち合わせ、スピーディーな手直しが可能になる。

　図4-5は、提案書の最新版を壁に提示したプロジェクトルームの光景。提案書を壁に貼ることで、それまで見えなかったものが見えてくる。全体のトーンを把握でき、どこが進んでいて、どこが遅れているか、抜けている個所はどこか──といったことが直感的に分かるのだ。

　例えば、「この箇所には図表を挿入するのが効果的なので、その分、

文章を削ろう」「タイトルを変えて提案のインパクトが強まるようにしよう」といった修正を繰り返していく。修正バージョンは前のバージョンの上に貼り付けて、最新版が一目瞭然で分かるようにするのがいい。

この合宿方式がブラッシュアップに最も適した方法だと自負している。

◎コンソーシアムにおける仲間意識や連帯感の醸成

プロジェクトルームでの共同作業には、情報共有、作業の効率化、生産性向上のほか、仲間意識の醸成といった効用もある。社内外を問わず、同じ空間で共通の目標に向かって仕事をすると、強い連帯感が生まれるからで、新しい働き方の1つとしても勧めたい。

◎セキュリティの確保

プロジェクトルームの運用上の注意点としては、セキュリティチェックの問題がある。社外の人も頻繁に出入りするのがプロジェクトルームなので、情報漏えいの懸念がつきまとう。そのため、入退室管理を厳密に行う等、機密性を担保する仕組みが必要だ。

4-7 枚数確認表と業務分担表の作成

◎枚数確認表の活用

提案書の作成に先立って、枚数確認表と業務分担表を作成することも忘れてはならない。順番に説明しよう。

枚数確認表とは、その名の通り、様式タイトル（項目）ごとの書類の枚数を記すもの。図4-6は、枚数確認表の実例。資金調達、リスク管理、地域経済への貢献…といった各様式タイトルについて、それぞれ枚数制限（上限枚数）、枚数（A4サイズ、A3サイズでそれぞれ何枚か）、部

- 提案書だけでなく添付資料の枚数も確認する
- ファイル、ラベル、CD-R等の数量も記載する
- データは随時更新する

様式番号	様式タイトル	枚数制限	枚数		部数			合計枚数
			A3	A4	提出	控え	合計	
	〈事業計画〉							
1-1	資金調達							
1-2	リスク管理							
1-3	地域経済への貢献							
1-4	事業実施体制							
	〈設計・建設〉							
2-1	設計・建設方針							
2-2	配置計画及び動線計画							
2-3	外観デザイン、外構計画							
2-4	屋内計画							
2-5	環境への配慮							
	〈維持管理〉							
3-1	維持管理方針							
3-2	修繕計画							
3-3	清掃業務							
3-4	設備保守業務							
3-5	維持管理のモニタリング							
	〈運営〉							
4-1	運営方針							
4-2	人員配置							
4-3	運営のモニタリング							

その他必要なもの	数量	正本	副本	控え	計
提案書用A4ファイル					
申請書類用A4ファイル					
提案書用ファイルラベル					
申請書類用ファイルラベル					
インデックス					
CD					
CD用ラベル					

図4-6 枚数確認表

数（提出、控え、合計）等を記載していく。

　枚数制限に関しては、発注者が明記することも、しないこともある。明記がない場合は、空欄のままにするより、適当な数を設定した方が、作業がしやすい。枚数に関するトレンドは、明らかに減少傾向にある。

　10年前は、合計枚数が1000枚を超えるケースも少なくなかったのが、

■ 誰が、いつまでに、どの提案書を作成するか明記する
■ 提案書作成の責任の所在を明確にする
■ 適時フォローすることが大事

様式番号	様式タイトル	枚数	業務分担			提案書完成日		
			A社	B社	C社	1次原稿	2次原稿	最終原稿
	〈事業計画〉							
1-1	資金調達							
1-2	リスク管理							
1-3	地域経済への貢献							
1-4	事業実施体制							
	〈設計・建設〉							
2-1	設計・建設方針							
2-2	配置計画及び動線計画							
2-3	外観デザイン、外構計画							
2-4	屋内計画							
2-5	環境への配慮							
	〈維持管理〉							
3-1	維持管理方針							
3-2	修繕計画							
3-3	清掃業務							
3-4	設備保守業務							
3-5	維持管理のモニタリング							
	〈運営〉							
4-1	運営方針							
4-2	人員配置							
4-3	運営のモニタリング							

図4-7　業務分担表

今では、様式タイトルごとに1〜4枚、合計でも100枚以下と様変わりしている。審査委員にすると、分量が多いだけでうんざりしてしまうので、提案書の作成者にはコンパクトに要点をまとめるスキルが求められよう。

部数についても、枚数と同様に減少傾向が顕著になっている。以前は50部も印刷していたのが10〜20部で済むようになってきている。各地方自治体の間で省資源化、省エネ化、省力化の意識が高まり、また、ペーパーレス化の流れが各方面で強まっていることによるものだろう。

全体枚数が上限をオーバーしないように、枚数確認表に記載するデータは逐次更新するといった細かい点にも気を配りたい。気配りが不足すると、例えば、用意したファイルでは厚さが足らずに収まらない事態に

陥ったりしてしまう。併せて、添付資料の枚数確認、ファイル、ラベル、CD-R 等の数量記載といった作業にも抜かりなく取り組みたい。

◎業務分担表の活用

　一方、業務分担表は、誰が、いつまでに、何をするか（どの提案書を作成するか）を一覧で示すもの。複数の企業が協力するコンソーシアム等で、特に大切となる。図 4-7 のように、各様式タイトルについて、A 社、B 社、C 社の、どこが何を担当するか、1 次、2 次、最終の各原稿をいつまでに完成させるかを記載する。

　業務分担表をつくることで、提案書作成の責任の所在が明確になる。また、進捗状況の把握にもつながる。枚数確認表や業務分担表を適宜、的確にフォローアップして、提案書作成の足並みを揃えよう。

4-8 ドキュメント管理

◎データを整理し共有化

　昨今は、文章も、図表も、写真も全てデジタルデータとして作成・加工し保管するのが一般的だ。そのため、個人でも組織でも、各種のデジタルデータをパソコン上やネット上に整理整頓して効率的に活用できるようにスキルやリテラシーが求められる。

　特に複数企業のたくさんの人たちが、同時並行的に作業を進める提案書づくりにおいては、整理されたデータを共有し利活用できるようにする工夫が欠かせない。

◎データを格納するフォルダの作成

　工夫の原点となるのが、フォルダやファイルの名付けや階層分けだ。

■ フォルダの作成
　□ プロジェクト名フォルダ：プロジェクト全体のフォルダ
　□ プロジェクト管理：スケジュール管理、印刷管理、モック、議事録
　□ 公共資料：募集要項、要求水準、上位計画
　□ 提案資料：各企業が作成した提案内容のデータ、参考資料
　□ 提案書作成中：作成中の提案書、下位に「パーツ」「旧ファイル」フォルダを作成
　□ 印刷：印刷データ
　□ Final：完成版のファイル

■ ファイル名称のつけ方

　　様式1-2-3　様式名称　180518　R1　（ベックス岡崎作成）
　　　様式番号　　様式名称　　日付　　同じ日での変更　　作成担当者

図 4-8　ドキュメント管理

当社では、以下のような方法でドキュメントを整理している。

フォルダとしては、当該事業の「プロジェクト名」をつけたプロジェクト全体のフォルダを、まず作成する。その下位に「プロジェクト管理」のフォルダを設けて、「スケジュール管理」「印刷管理」「モック」「議事録」といったデータを収める。

募集要項、要求水準、上位計画等を収める「公共側資料」のフォルダも必要だ。各社が作成した提案内容に関するデータ、参考資料を束ねる「提案資料」のフォルダや、作成中の提案書をまとめた「提案書作成中」のフォルダもなくてはならない。

提案書作成中のフォルダでは、下位に「パーツ」「旧ファイル」等のフォルダを作成すると整理しやすくなる。印刷データを収める「印刷」フォルダ、完成版の各ファイルを集約する「Final」フォルダが埋まれば、プロジェクトのゴールは間近となる（図 4-8）。

◎事業提案書のファイル名称のつけ方

事業提案書の様式に沿った各ファイルの名称に関しては、図 4-8 の下

部に示したように、様式番号、様式名称、作成日付を順につけていくスタイルをお勧めしたい。日付に続く「R1」は、同じ日の中での変更順序を表している。変更を重ねて、多い日には「R10」と10回も変更することもある。

　古いファイルは旧ファイルのフォルダに収め、最新ファイルだけが表に出てくるようにすれば、古い提案書を引っ張り出してしまう"手戻り"を防げる。

　一連のスタイルはベックスが編み出して活用しているもので、デファクトスタンダード（実質的な業界標準）として、当社がサポートしているクライアントをはじめ、広く各方面で使われるようになってきている。

4-9　図表等で使用する色彩の確認

◎オリジナルカラーパレットによる印刷時の色彩の確認

　提案書にカラーの図表や図面を挿入するのが当たり前になった今、色に対するきめ細かな気配りにも留意したい。例えば、パソコン画面と紙とでは発色が異なるので、紙に印刷した時の色彩を念頭に置いて作業を進めることが必要だ。ベックスではオリジナルのカラーパレットで色彩を確認するようにしている。

◎図表等の色使いは淡い色を基調とする

　忘れてならないのは、図表や図面は、文章で表した提案内容を補足するためのものであり、あくまで「主役は文章が務める」という認識だ。ややもすると、アピール度を高めようと、派手な色合いの図表を使いたくなったりするが、主役の顔を立てて、図表等には淡い色合いを用いたい。

同じ色調で統一し、使用する色を限定するのも脇役にふさわしい。

◎色使いでは読む人にとってのイメージを尊重する

　色使いでは、例えば集合住宅の設計図で、住居スペースはベージュ系、共有スペースは黄緑系と色分けすることが、提案書を読む人の感性に響いたりする。複合施設の危険ゾーンは赤、安全地帯は緑で示すというように、それぞれの色に備わっているイメージを生かすのも色使いのポイントとなる。

　カラー化は時代のすう勢。上手に色を使いこなせると強みとなる。

　ただ、提案書を読んで評価する審査委員がベテランぞろいの場合は、店舗のチラシ等のようなポップ公告（POP、Point of Purchase Advertising）で使われる派手な色使いやカラーを多用することを控えた方がいいかもしれない。ベテラン審査委員たちは白黒の書類に慣れているからで、読み手を想定したうえでカラー化するか否か、あるいはカラー化する際にはどのような色使いをするかを決めておこう。

4-10　作業の効率化とコストセーブ

◎プロのアウトソーシングの活用

　この章のまとめとして、一連の作業を効率化しコストセーブを実現する手法やチェックポイントを紹介する。

　まず、アウトソーシング（業務委託）の有効活用をお勧めする。図表作成や文章の編集・校正はその道のプロに任せて、メンバー各位は提案内容の充実に腐心することが、結果として、提案書の質を高め、トータルコストの低減にも結びつく。

◎手戻りを少なくする

　手戻りを極力減らすことも、効率化とコストセーブに向けた重要テーマとなる。そのためには提案書のフォーム、表現方法を、用語（禁則）集の作成等により、あらかじめ定めることで、余分な修正、手直しをなくしていきたい。

　旧ファイル・フォルダの活用で、古いドキュメントを引っ張りだすことなく、最新版に常にアクセスできるようにすることも手戻り防止の有効策となる。

◎業務分担を明確にして業際をチェックする

　業務分担表を作成し、各社各人の役割分担を明確化するのも効率アップに直結する。業務・役割分担に際しては、際（きわ）がポイントになる。漏れがないように、また無駄な重複がないように、「際を極める」ことを目指していただきたい。

◎ ITツールの活用

　各種ITツールの活用及びセキュリティ対策も、今日的課題となっている。「宅ふぁいる便」をはじめとする大容量ファイル転送サービスは使い勝手がいいサービスで、ベックスでも活用している。活用する際は、パスワードでカギをかけることを必須としている。誤送信によるトラブル等を防ぐためで、大容量ファイルのみならず添付ファイルには、すべてパスワードをつけることを徹底してほしい。

　セキュリティに関しては、重要なデータはネットとつながっていないスタンドアローンのサーバに保管するといった配慮が必要だろう。ネット上のサーバでは、どんなファイアウォールを用意しても、ハッカーが穴を見つけて侵入するリスクがあるからだ。

column 4

提案書の切り口とイノベーション

　提案書の中身を書いていると、どういう切り口で論旨を展開していくか、考えを巡らすことがある。事業コンセプト、各業務の基本的な考え方、提案項目と内容の視点等を記述する際に、読む人に「なるほど」と思わせるような明快な切り口が求められる。そんな時、「ドラえもん」のようにポケットからさまざまな切り口が出せるとよいのだが、現実は苦労が尽きない。

　明快な切り口というのは、日頃からの読書量と提案書作成の経験が影響してくる。本書でも、第3章と6章では5W1H、第5章ではPDCAやAIDMA、第6章ではQCDESについて述べているが、あまりなじみのない切り口だと混乱をきたすおそれがあるので、審査委員にとって分かりやすい切り口にすることが肝要だ。

　提案書の中には、英語のアルファベットのAやC等の頭文字がつく単語を3～5個ほど並べてまとめているのも見受けられる。例えば、Amenity（快適な環境）、Accessibility（利便性向上）、Attendance（顧客本位）、Accountability（透明性の確保）等である。一見すっきりしているが、こじつけすぎると審査委員にとって理解しにくいこともあるので慎重に使いたい。

　ところで、提案内容においては、新規性や創造性に富む提案が高く評価される傾向がある。「イノベーション」をもたらすような考え方だ。イノベーション（innovation）とは、1910年代初頭にヨーゼフ・シュンペーター（Joseph Alois Schumpeter）によって提唱された言葉で、その後ピーター・ドラッカー（Peter Ferdinand Drucker）が体系的に提示して有名になった。イノベーションは、日本では「変革」「革新」「新しい活用法」「新しい価値の創造」等という意味で使われている。

　イノベーションについては図5に示すように、3つの切り口が重要と考えられる。

　プロダクト・イノベーションとは、製品やサービスの質の変革を意味す

る。プロセス・イノベーションとは、仕事や経営のやり方の変革であり、後述する BPR に通ずるものがある。そして、この 2 つのイノベーションを引き起こすには、人の意識や行動の変革であるマインド・イノベーションが欠かせない。

　これら 3 つのイノベーションの目指すものは、顧客志向の活動であり、顧客にとっての新しい価値の創造や顧客満足である。PPP-PFI 事業においては、顧客とは地域住民を指すので、「地域住民ファースト」の姿勢が欠かせない。公立病院 PFI では「患者さんファースト」ということになる。

　ここで BPR について説明しよう。以前、公立病院 PFI では BPR についての提案がよく求められた。BPR とは、ビジネス・プロセス・リエンジニアリング（Business Process Re-engineering）の略で、日本では「業務改革」と訳されている。1990 年初頭、マイケル・ハマー（Michael Hummer）、ジェイムズ・チャンピー（James Champy）共著の『リエンジニアリング革命』により、その考え方が世界中に普及していった。

　BPR は、業務改善とは異なり、社内業務プロセスを抜本的に見直し、

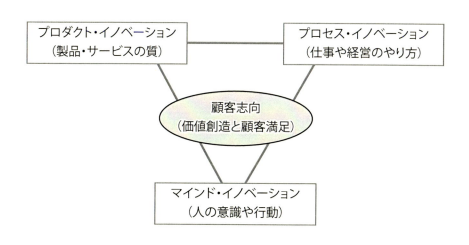

図5　イノベーションの考え方

顧客志向のもとで、一貫した業務プロセスとして再統合と最適化を目指していく。お馴染みの「かんばん方式（トヨタ生産方式）」の仕組みと相通じるものがある。大切なことは、顧客の立場を組織の横断的なプロセス単位で捉えるとともに、情報技術を活用することだ。

　最近の PPP-PFI 事業では、BPR に関わる提案を行うことはずいぶん少なくなった。しかし、ICT（情報通信技術）や AI（人工知能）が急速に進化している折、今後は業務プロセスの見える化や顧客満足度・従業員満足度の向上のために、BPR を提案内容に盛り込むことも視野に入れるべきだろう。

第5章 事業提案書のポイント

5-1 主な審査項目

◎落札者決定（優先交渉権者選定）基準の主な審査項目

事業提案書を作成する際には、発注者側から公表されている公募資料の中の様式集（提案書作成要領）と落札者決定（優先交渉権者選定）基準に沿って、項目だてをしながら提案内容を記載していく。

審査項目		主な評価の視点
事業計画	事業実施方針	事業コンセプトについての認識、地域性や施設特性の理解、公民連携のメリット
	実施体制	コンソーシアム各社の役割と責任分担、発注者側との連携、不測事態への対応、モニタリング体制と方法
	資金調達	資金調達の考え方と確実性、財務の健全性と安全性の確保、資金不足時の対応
	リスク管理	リスク管理体制、事業特性を踏まえたリスク分析、リスク最小化の対策、リスク顕在化時の対応
	地域貢献	地域社会への貢献、地域経済への貢献、地元企業の参画、地場産品の活用
施設整備	取組方針	施設の設置目的と役割を踏まえた基本方針、地域の歴史や文化の継承
	実施体制	人員体制、有資格者の配置、発注者側との合意形成の方法
	外観デザイン	景観への配慮、周辺環境との調和、建物のボリュームや圧迫感の軽減、日影への影響
	配置計画	敷地の有効利用、維持管理性への配慮、アクセスへの考慮、ゾーニング計画、緑化計画
	動線計画	利用者の安全、歩車分離、利用者や見学者との作業動線の分離、ユニバーサルデザイン、サイン計画
	施工計画	安全確保、環境保全、品質確保、適切な工期設定、工期短縮、災害時の対応、周辺住民への配慮
	環境への配慮	周辺環境の保全、環境負荷の低減、再生可能エネルギーの活用、緑化計画、省エネルギー対策
	安全性	利用者の安全確保、災害時への対応、不法侵入への対応
	経済性	LCCの低減、事業終了時のコスト低減
運営	取組方針	施設特性を考慮した具体的な取組方針、利用者ニーズの収集と反映
	実施体制	業務遂行に適した実施体制、開館準備体制、
	業務内容	業務品質の維持・向上、にぎわいの創出、魅力ある提供サービス
維持管理	取組方針	施設特性を考慮した具体的な取組方針、予防保全、PDCAサイクル
	実施体制	業務遂行に適した実施体制、有資格者の配置、セルフモニタリング体制と方法
	業務内容	業務品質の維持・向上、利便性・安全性・快適性への配慮
	修繕計画	事業期間中の修繕・更新内容、事業期間終了時の継続使用への配慮、大規模修繕計画

図 5-1　落札者決定（優先交渉権者選定）基準の主な審査項目

図 5-1 は、落札者決定（優先交渉権者選定）基準の主な審査項目と評価の視点についてまとめたものである。

◎**事業提案書の記載項目の整合性をとる**

事業提案書は、基本的に様式集の記載項目に基づいて作成していくが、落札者決定（優先交渉権者選定）基準の審査項目と整合性がとれない場合がある。このような場合には、審査委員が審査や評価しやすいように、事業提案書の記載項目の中に、評価の視点についてのタイトルまたはサブタイトルを表記しておくと分かりやすい。

以下に、事業提案書をどのように作成していくか、ポイントとなることについて示す。

5-2 理念と実施方針のまとめ方

◎**理念やビジョンの共有**

事業提案書を作成するには、まず理念やビジョンをまとめ上げる必要がある。当該事業において「何をやりたいか」「地域社会にどう貢献するか」「地域経済にどう役立つか」といった思いを要約する。それが理念、ビジョンであって、プロジェクトに関わる全員が共有し、突き進む方向性を一致させるものとなる。

◎**理念とは事業遂行の土台となる考え方**

理念に関しては、「事業理念」「事業コンセプト」「ビジョン」「ミッション」等の表記が見られる。下記にそれぞれの意味合いを示したが、大切なのは事業提案書の冒頭ページ部分において、自分たちのコンソーシアムがどういう考え方で、どのように事業を展開していくのか事業提案書

に記載した内容の全体像を示すことだ。

　事業理念：事業遂行の土台となる考え方、行動規範
　事業コンセプト：事業の全体像、概念
　ビジョン：事業理念をベースとした将来のあるべき姿、将来像
　ミッション：担うべき役割や達成すべき状態、使命

　理念や基本方針については、第2章 2-4節でふれたように実施方針または入札説明書の中で、事業コンセプトとして記載されていることもある。記載されている場合でも、よく咀嚼して自分たちの考え方を示していくことが大切だ。

◎理念をまとめるには上位計画を参考に

　理念をまとめるには、地域性、施設の特性、設置目的等を知ることが大前提となる。現地調査や関連情報の収集を通して、それらを的確に把握することが「目指すべき施設像」を浮き彫りにし、延いては「ふさわしい理念」に結びつく。

　情報収集の一環として、地方自治体等の発注者サイドが、上位計画の中で掲げている「まちづくり計画」「施政方針」の類いに目を向け理解することを忘れてはならない。PPP-PFI等の各事業は、これらの計画、方針に即して実施される。そのため、まちづくり計画を理解し咀嚼すれば、おのずから当該事業の理念が導き出されるわけだ。

◎理念はイメージが湧く表現を

　理念、ビジョンは発注者へのアピールという観点からも重きをなすものだ。まとめ上げた理念を、コンパクトにどう表現するか…。表現方法ひとつで審査員ら発注者側が受け取る印象は大きく変わるので、読み手の心に刺さる言葉を見つけてポイントを稼ぎたい。

心に刺さる、あるいは心に響くのは、イメージが喚起される言葉づかいや表現方法だ。例えば、「まちににぎわいを創出する」というよりも「人々の笑顔があふれるまちづくり」とした方が、イメージが湧きやすい。そんなキャッチコピーや枕詞をひとつふたつ見つければ、理念づくりは成功にぐっと近づく。

◎実施方針のまとめ方

理念を受けての実施方針の策定では、具体性と実現性がキーワードとなる。できるだけ具体的なもの、実現可能性の高いものを実施方針として要約する。グルーピングして5項目ほどにまとめるのがいいだろう。

5-3 理念と実施方針の主な記載内容

◎記載内容は面接試験の受け答えに似ている

理念や実施方針に記載する内容は、採用面接での受け答えとよく似ている。面接で評価されるのは①会社のことをよく調べて分析している、②入社したら何をやりたいか、会社にどう貢献するかが明確になっている——と感じさせる受け答え。

それと同様に、「当該施設や地域について調べ上げている」「どんな手法で地域に貢献するか、方向性が定まっている」等と感じさせる記述が、高い評価に直結する。

◎どんな内容を盛り込むか

理念、実施方針に盛り込むべき内容を大別すると「入札に参加する動機」「当該事業に対する認識」「取り組み姿勢、取り組み方針」「行政や地域への貢献」——の4項目が挙げられよう。以下、順に取り上げる。

◎入札に参加する動機

　なぜ入札するかについて、発注者の自治体等が掲げるまちづくり計画や施政方針から説き起こし、それらに対する共感・賛同に触れ、地域社会、地域経済への貢献に言及したい。

　また、実績が豊富、多くのノウハウを蓄積、地元に精通、全国各地で事業化といった自社の強みをアピールし、強みの発揮を参加動機の1つとするのもいいだろう。

◎当該事業に対する認識

　綿密な現地調査や関係各方面での情報収集を踏まえて、事業の特性について記述し、併せて自社の強みをどう反映させるか、課題解決に向けどんな手立てを講じるか等を書き込みたい。

◎取り組み姿勢、取り組み方針

　当該事業における自らのミッション、役割は何かを説明し、その達成に向けて、何をどうするのか、方向性を明示する。ある施設の設計・建設から運営・維持管理まで一貫して携わるケースでは、設計・建設の方針と運営・維持管理の方針とを密結合させるような知恵も必要だ。

◎行政や地域への貢献

　できるだけ具体的な提案を定量的に記載する。地域社会、地域経済にとってどれだけプラスになるかを、数字を織り込んで、また地元の企業名等も挿入してアピールするのがいい。

　例えば、施設の建設に際しては、仕出し弁当や工具、什器を周辺地域からできるだけたくさん購入するとか、施設運営では、地元ハローワークを活用しシルバー人材を何人雇用するといった数字を書き込んでいく。記述が具体的であればあるほど説得力が増す。

地元業者の当該事業への関心や参加意欲を表す「関心証明書」を集めて、落札・選定されたあかつきには、それら業者に仕事が回る、お金が落ちるといった地域密着型プロジェクトであることを強調するのも有効な手段となる。

5-4 事業計画の考え方

◎資金調達の考え方

「事業」と名のつくものには、すべて資金が欠かせない。民間資金の活用を旨とするPFIはもちろんのこと、その他のPPP、公共事業でも「事業計画＝資金計画」といえるほど、お金の問題は重要だ。ここでは、「お金」という切り口から事業計画の勘所を探ってみよう。

PPP-PFI等で、一定規模以上の事業の落札・選定を目指す場合は通常、複数の企業・団体等でコンソーシアムを組成する。コンソーシアムの参加メンバーは、役割や責任の分担及び費用の分担等を定めた「事業者間協定書」を締結する。

PFI事業等のように、金融機関からの資金調達を必要とする場合には、SPC（特別目的会社）を設立するが、SPCに出資する企業を「構成員」と呼び、構成員間での出資割合等を定めた「出資者協定書」を締結する。

また、SPCに融資する金融機関からは、提案時点で「関心表明書」、あるいは「融資確約書」を取得するが、後者の方が実効性の点で評価が高くなるので、できるだけ融資確約書は取得しておこう。

◎ SPCの資本金

SPCを設立する際、代表企業はSPC株式の50％以上を取得することが望ましい。迅速な意思決定が行えて、事業責任が明確になるからだ。

また、資本金の金額は、設立時の開業資金に加え、発注者側からの経費支払いに要する期間を考慮して平均年間運営費の3カ月分以上を確保しておくと良い。

◎健全なキャッシュフローの維持

　PPP-PFIでは、中長期にわたって運営・維持管理に当たる案件が少なくない。それらの多くは、多額の初期投資を行い、年月をかけて投資を回収するスキームになっている。そのため、健全なキャッシュフローを維持することに気をつけたい。配当は原則として行わず、内部留保を手厚くするケースが多いが、構成員の中で資金繰りが潤沢でない企業もある場合には、中間配当も行うケースもある。

　専用口座を開設してお金の出入りを把握しやすくするのも健全なキャッシュフローにつながる。「キャッシュ・ウォーターフォール（Cash Waterfall）」と呼ばれる、資金充当の優先順位等の管理ルールを確立することも勧めたい。

◎保険等の活用によるリスクの未然防止と回避

　事業化に伴う諸々のリスクを回避、軽減するための措置も忘れてはならない。水害、雪害、塩害をはじめとする自然災害と、機械・装置の操作ミス、管理の不備、設計・施工の誤り等が引き起こす人災の両方について、「リスクマトリックス」や「チェックシート」等によって広範囲に検討し、対策を講じることが必要だ。

◎リスク管理の考え方

　市場の変化、競争相手の出現といった事業そのものに付随するリスクへの対応も重要なテーマとなる。例えば、スポーツ施設運営において、近くにフィットネスクラブがオープンしたら、「利用者数の減少＝収入減」は避けられない。把握するのが難しい多種多様なリスクには、①市

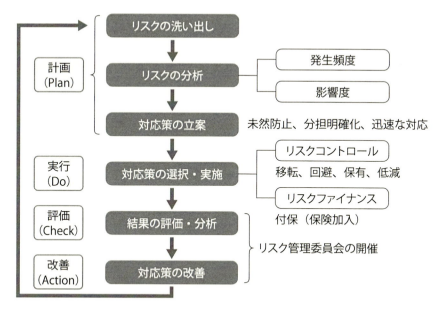

図 5-2　リスク管理の考え方

場リスク、②出資リスク、③完工リスク、④運転管理リスク、⑤収支リスク、⑥物価変動リスク、⑦環境リスク、⑧不可抗力リスク、⑨契約解除リスク——等が挙げられる。

　一連のリスク対策としては、劣後ローンによる余裕資金の確保や各種保険への加入等の方策がある。これらに関しては、ファイナンシャルアドバイザー、リスク保険アドバイザーといった専門家の知恵を借りるのがいいだろう。

　図 5-2 は、リスク管理の PDCA サイクルを表したもの。リスクの洗い出しやリスクの分析、対応策の立案——が Plan（計画）の段階。リスク分析では発生頻度や影響度を予測・分析し、その結果を対応策に反映させていく。続いて、対応策を選択・実施する Do（実行）の段階に移行し、さらに Check（評価）、Action（改善）の段階で、対応策の評価・分析、改善を図っていく。

Check、Action の段階では、評価・分析、改善を適切に行うために、リスク保険の専門家らで構成するリスク管理委員会を開催する。こうして、一連の PDCA サイクルをぐるぐる回していくことで、リスク管理の対策・手法はおのずから進歩発展を遂げていく。

5-5 施設の設置目的と役割に対する考え方

◎公共施設のもつハブ機能と最大の恩恵を受ける地域住民

　公共施設とは、そもそも「最大の恩恵を受けるのは地域住民である」との考えに基づいて建設・運営されている。では、公共施設を住民のために最大限、役立てようとした場合、どういった役割、機能を発揮すればいいのだろうか。

　図 5-3 の外側は、公共施設が、人と人、人と地域をつなぐ地域コミュニティの拠点として、健康増進、地域交流、情報発信、子育て支援等、多彩な機能を発揮する様子を表している。運動するためのスポーツ施設、本を読むための図書館といった具合に、どんな施設にも本来の目的や機能がある。

　しかし、人々は本来の目的とは別のものも求めているのではないか…。こうした仮説に立って描いたのが図 5-3 の内側の部分である。

　例えば、スポーツ施設の来訪者には、運動をしながら健康維持や子育て等に関する情報交換をしたい人、バレーボールやバスケットボール等の運動クラブや文化活動クラブをつくって一緒にやりたい人もいるだろう。リサーチをして、もし、雑談や情報交換をしたい人が多かったら、交流スペースを増やす。一緒にスポーツや文化活動をしたい人がたくさんいたら、クラブ活動の紹介コーナーを設ける等、フレキシブルに対応することが多彩な機能の提供となり、延いては地域住民のためになる。

図 5-3　施設の設置目的と役割に対する考え方

◎公共施設における「便益の束」

　マーケティングの権威として知られるフィリップ・コトラー（Philip Kotler）は「便益の束」という概念を提唱している。この「便益の束」とは、顧客のニーズを商品やサービスそのものだけで捉えるのではなく、商品、サービスがもたらす価値に目を向けて、顧客の本質的あるいは潜在的なニーズ、ウォンツを発見しようといったマーケティング理論。そのニーズ、ウォンツの集合を「便益の束（bundle of benefit）」と名づけた。

　「お客さまは商品を買うのではなく、"きれいになること"を買う」とは福原義春資生堂元社長の言葉で、便益の束を端的に表現している。

　今の時代、各公共施設においても、利用者のニーズ、ウォンツを的確に探り出して、便益の束を提供することが求められているのではなかろうか。

5-6 広報・PR活動の考え方

◎公共施設は認知度向上が重要

　公共施設の存在は、一般に認知度が低い。自分が住んでいる地域にどのような公共施設があるのか、その存在があまり知られていない。そのため、広報・PR活動を行っていくには、まず認知度の向上に力を注ぐ必要がある。

　そして、公共施設の利用者を発掘し、リピーターを増やしていくために、「AIDMA（アイドマ）の法則」の応用展開を薦めたい。

◎ AIDMAの法則とは

　消費者が商品、サービスの購買に至るまでのプロセス、特に心理プロセスを研究し、理論化したとして有名なのが「AIDMAの法則」だ。米国で1920年代に提唱され、100年近く経った今でもマーケティング理論の基本として、マーケティングの教科書には必ず載っている。

　1世紀近く生き残ってきたのは、時代を超えた普遍の真理が含まれているからだろう。このAIDMAの法則を公共施設等の広報・PR活動に応用することを考えてみた。

　図5-4は、施設利用率の向上という目標に向け、AIDMAの法則をどう取り入れるか、何をやったらいいのか――について、1つのモデルを示している。AIDMAの概要及び施設でのAIDMA活用モデルを本図に沿って見ていこう。

　本図の最上部に示した認知段階、感情段階、行動段階と、その下の「意思決定プロセス」にある注目（Attention）、興味（Interest）、欲求（Desire）、記憶（Memory）、行動（Action）――の3＋5の合計8つの言葉が、AIDMAの法則のキーワードとなる。

第5章　事業提案書のポイント

	認知段階	感情段階			行動段階	
意思決定プロセス	注目(Attention)	興味(Interest)	欲求(Desire)	記憶(Memory)	行動(Action)	
利用者の心理状態	施設の存在を知る	興味を惹かれる	行ってみたいやってみたいと思う	どこにあるのかどんなところか記憶する	実際に行ってみるやってみる	施設利用率の向上
広報・PRの目標	施設の存在を認知してもらう	施設の特徴や利用方法を理解してもらう	イベント情報や利用プログラムを情報発信する	施設イメージや利用内容を記憶にとどめてもらう	サービス内容や利便性を向上させる	
具体的な取り組み	人の目にふれ、人が集まる場所へのチラシ・ポスター・横断幕等の掲示　独自ホームページの開設	パンフレットの作成・配布、教室事業やイベント等の開催と紹介	独自ホームページによる新鮮で魅力ある情報の発信や問合に対する親切な対応	ホームページをリアルタイムで更新し、新鮮な情報を提供	相談コーナーの設置、体験型プログラムの提供、利用時間の延長	

図 5-4　AIDMA の法則（消費者の心理プロセス）の応用展開

　5つの言葉の位置づけは、まず「注目」が認知段階にあり、「興味」「欲求」「記憶」の3つが感情段階、そして「行動」が行動段階という関係がある。いずれにしろ、消費者が商品、サービスを購買するまでには認知、感情、行動の3段階があり、注意、興味、欲求、記憶、行動の5ステップを踏むと見極めたのが同法則の真髄といえよう。

◎ AIDMA の法則の応用展開

　本図の意思決定プロセスの下に示した「利用者の心理状態」とは、ある施設について、施設の存在を知ることから始まり、実際に行ってみる、やってみるまでの心理プロセスを5ステップに当てはめて推移を表したもの。「知る」から「やる」までの間には、「興味を持つ」「やりたいと思う」「どんなところか記憶する」──の各ステップが挿入される。
　以下、各ステップに対応する「広報・PR 活動の目標」と「具体的な取り組み」を紹介する。

チラシ、ポスター、横断幕で施設の存在の認知度を高める→イベントの開催等で当該施設の特徴や利用方法への理解を促す→ホームページでの情報発信や照会への親切な応対により好感度を高める→ホームページを日々更新する等、鮮度の高い情報提供を心掛け記憶に残るようにする→相談コーナーの開設、利用時間の延長等で利便性を高めリピーターを増やす——といった流れになる。

　AIDMAの法則から派生し、M（記憶）を取り除いて、より分かりやすくしたのが「AIDA（アイダ）モデル」だ。A＝顧客の注意を引く、I＝顧客に商品を訴求し関心を引く、D＝顧客に商品への欲求があり、それが満足をもたらすことを納得させる、A＝顧客に行動を起こさせる——の4ステップを説いている。

　AIDMAとAIDA。いずれにしろ、公共施設の運営にも当てはまる理論、モデルとして役立ててもらいたい。

5-7　運営業務の提案のポイント

◎運営業務の視点の明確化

　施設の運営受託を目指して事業提案書でアピールする時にも、施設の建設時と同様に、自治体等の発注者が何を求めているかをきっちりと理解することがスタート点になる。募集要項や要求水準書を読み込んで、行間ににじませているものまで感じ取ることが、よき事業提案につながっていく。

　そのうえで、自らの視点、立ち位置を明確にして、強みを最大限、発揮できるようにしていく。創意工夫により住民サービスを向上させていくといった点も強調したい。多くの施設に当てはまる共通フレーズの「地域密着型の事業展開」「にぎわい創出」「地域活性化」も提案の中に効果

的に織り込みたい。

◎**運営体制の構築**

　続いて施設運営に関わる体制整備について見てみよう。運営体制はムリ、ムダ、ムラのないチームづくりがポイントだ。数人で対応すべき業務なのに1人しか配置しないのはムリ、逆に1人で済む仕事に複数人数を割り当てるのはムダ、繁忙に合わせて人数を変動させるべきなのに同じ人数のままで業務に当たるのはムラとなる。ムリ、ムダ、ムラを排除し、明確な指揮命令系統を備えたチーム編成をアピールしていきたい。

　ところで、施設運営業務の現場スタッフは派遣社員やパート従業員が多くを占めるので、労務管理や人材育成が課題となる。特に労務管理の問題は人手不足や働き方改革が取りざたされる中、重要性が急速に高まっている。

　「五つ星ホテル」として名高いザ・リッツ・カールトンでは、「CS（Customer Satisfaction、顧客満足度）を高めるためにはES（Employee Satisfaction、従業員満足度）を高めねばならない。CSとESが上がって初めて利益も上がる」といった理念のもと、ES向上に向けたあの手この手を考案し、理念を有言実行してきている。

　各公共施設の運営でも、ザ・リッツ・カールトンのようにES向上に力を入れれば、CSつまり施設の利用者満足度もおのずと高まって、CS、ESの両者が互いに高め合うという好循環が期待できる。そうした取り組みも提案の中に盛り込みたい。

　労務管理と併せて教育、人材育成も施設運営に関わる重要テーマとなっている。よい公共施設にはよいスタッフがいる。主力戦力となっている派遣社員やパート従業員によいスタッフとなってもらうには、体系的、継続的な教育プログラムが欠かせないのだ。

　行き届いた「おもてなし」で知られるディズニーランドは、準社員・派遣社員が主戦力。彼ら彼女らのおもてなしは、優れた教育プログラム

のなせる業といわれている。公共施設においても、練り上げた教育プログラムによる人材育成の効果は小さくない。そうした教育・人材育成の取り組みを強調し、加点材料としたいものだ。

◎魅力あるプログラムやサービスメニューの提供

施設の運営業務の中身に関する提案では、魅力あるプログラムの実践を打ち出したい。公の施設は地域の老若男女が広く参加できるものがいい。例えば、スポーツ施設なら、親子の水泳教室、ちびっこ腕白相撲、メタボ解消・腰痛撃退体操等、多様なメニューを考えたい。

一方で、魅力あるプログラムとなるには、新規性、独自性やニュース性が必要だ。例えば、商店街振興に関わる案件だったら、共通の商品券や割引券を仮想通貨で提供するといったアイデアも面白い。

プログラムやメニューをひねり出すに当たっては、地域住民のニーズ、ウォンツをうまく拾って反映させていきたい。利用者の声を集めて継続的に見直してバージョンアップを図るのも大切な取り組みだ。こうした住民、利用者とのインターフェースに関する提案も大きなアピールポイントとなるだろう。

◎新規性・独自性・実現性のある提案

運営業務の提案で審査委員から評価されるには、新規性、独自性、実現性が盛り込まれていることが大切であり、民間事業者としての創意工夫が欠かせない。そのためには、地域の実情や施設特性を踏まえるとともに、自ら手掛けた類似施設での実績、成果をうまく流用したい。

◎運営事業者からの提案を施設整備計画に反映

運営事業者側から見た、利用者のための利便性や機能性の向上についての提案を、施設整備計画へ反映させることも大切だ。

5-8 維持管理業務の提案のポイント

◎**維持管理業務の視点の明確化**

運営業務の次に維持管理業務を取り上げる。維持管理の提案のポイントは安全、衛生、快適の3つに集約できる。どんな施設でもまず安全第一。2018年6月に大阪府北部で発生した地震では、小学生女児が小学校プールのブロック塀の下敷きになって亡くなるという痛ましい事故が起きた。建築基準に適合していなかったブロック塀が崩れたこの惨事は、人災の面も否定できない。

地震、洪水、山崩れ…。あらゆる自然災害に備えなければならない。施設の維持管理の一環として、水や食料の備蓄、懐中電灯やロープ、担架の用意、定期的な避難訓練等を提案の中に書き込むことは必須だ。

衛生、快適の切り口からは「トイレがきれい」「更衣室が広くて使いやすい」「冷暖房が心地良い」等の評価を得られるようにしたい。そのための提案は、できるだけ具体的に記述する。トイレ掃除は毎日3回実施する、日報・週報・月報や朝礼・夕礼の徹底で指示業務が履行されたかどうかを確認し、円滑な業務引き継ぎにも役立てる——といった具合だ。

地震により往々にして引き起こされるのがエレベーターの閉じ込め事故。こうした事態への対処方法も忘れず書き込みたい。一方で、照明灯が切れた、トイレが詰まった、部屋のカギが開かない等、日常的なトラブルに迅速、適切に対応することも重要なので、それらの手順をマニュアルとして提案することも心掛けたい。

◎**維持管理体制の構築**

維持管理の体制づくりでは、運営業務と同様に明確な指揮命令系統を確立する。そのうえで、地域住民や施設利用者との接点となる窓口を一

本化して、要望や苦情に適切に対応できるようにする。

　体制構築の1つとして、事業計画通りに履行されているかどうか、利用者満足度はどの程度か——等をチェックするモニタリングシステムについても言及したい。

◎PDCAサイクルを踏まえた適切な計画立案と継続的な業務改善

　多方面で有効なPDCAサイクルは、維持管理業務においても効力を発揮する。常にPDCAを意識して、継続的な業務改善につなげたい。PDCAを回すことで積み上がる膨大なデータの有効活用にも努めたい。それらをDB（データベース）化しビッグデータ解析やAI（人工知能）処理による高度利用を実現すると訴求できたらなら、高得点は必至だろう。

　今後は、DBとAIを活用した建物・設備等の予防保全をはじめ、省エネルギー対策、備品の管理等の最適化が進むと見ている。

◎緊急時・災害時の迅速かつ適切な対応

　前述のように、緊急時・災害時には利用者の生命・安全確保を第一優先に対応しなければならない。そのためには、緊急時・災害時の対応体制を明確にしておくとともに、災害時の迅速な復旧に向けてのシステム構築とシミュレーションが重要となる。また、公共施設に携わるスタッフや職員の安全確保に向けて、BCP（事業継続計画）の構築も欠かせない。

◎維持管理事業者側からの提案の施設整備計画への反映

　運営業務同様に、維持管理事業者側から見た、利用者のための利便性や機能性の向上、メンテナンスの容易性、省エネルギー対策等についての提案を、施設整備計画へ反映させることも大切だ。

column 5

図表や写真等のカタチ

　事業提案書には、さまざまな図表や写真が挿入される。文章を書き込んでいくと、図表や写真のスペースがだんだん少なくなってしまうことがある。特に、図表や写真のタイトルやキャプション等を後からつける時に起こりやすい。

　このような場合に、図表や写真の縦横比を変えている提案書を見かけることがある。極端な場合、円形のものが楕円形になっているとか、人のスタイルが変わっていたりもする。このような図表や写真は、見る人に違和感を与えてしまうため、使わない方が無難である。

　写真等は、トリミング機能を活用してカットするのが最適な方法だ。しかし、どうしても縦横比を変える必要があるという場合は、私の経験からすると5％以内であれば、それほど違和感を与えないで済む。Wordの文書作成において、文字間隔を詰めて狭くする時も同様である。要は、読む人のことを考えて違和感を与えず、余計なストレスを感じさせないことだ。

　図表や写真の縦横比の違いによって、見る人にどのようなイメージを与えるのか、またその適正値はどの程度なのだろうか。図6にさまざまな縦横比（アスペクト比、aspect ratio）を示してある。

　一般に事業提案書の中の図表や写真の縦横比は、「3：4」のものが多く使用されている。この比率は、映画が誕生した頃のもので、アナログテレビやデジカメの画像等にも使用されている。ある程度、縦構図の内容も表現できるとともに、普段から見慣れている比率のため、見る人に違和感を与えない親しみやすい比率である。

　ビスタサイズやテレビ画面のワイドサイズのような比率を使うと、ワイド感が生じてインパクトがある。例えば、建築CGパースや地域でのイベント開催の写真等を挿入する際に使うと、空間的な広がりを醸し出せる。ビスタサイズは、映画の発展とともに使われるようになり、ヨーロッパでは「1：1.66」、米国では「1：1.85」の比率が多い。最近の地デジのテレ

ビ画面の「9:16」という比率は、米国のビスタサイズに近づけようとしたためといわれている。

デザインの世界でよく知られている、「黄金比」というのがある。レオナルド・ダ・ヴィンチ（Leonardo da Vinci）の絵画や古代ギリシャの彫刻等に使用されていたといわれている。$X^2 = X + 1$の解として求められ、「1:1.62」の比率となる。人間が無意識のうちに美しいと感じると比率といわれ、バランスがよいことから、図表等のデザインの中にも取り入れている。

なお、日本には古来より「白銀比」というのがあり、A4、B5等の紙のサイズや日本古来の寺院建築等に使用されている。$\sqrt{2}$の値であり、「1:1.41」の比率となる。この比率もバランスがよいため、図表等のデザインに使うことがある。

■ テレビ画面（スタンダードサイズ）
アナログテレビの画面、デジカメ画像、パワーポイントスライド
　　3:4

■ ビスタサイズ
ビスタサイズ、パノラマ画面
　　3:5（ヨーロッパ1:1.66　米国1:1.85）

■ テレビ画面（ワイドサイズ）
最近の地デジのテレビ画面
　　9:16

■ 黄金比
ダ・ヴィンチ絵画、古代ギリシャの彫刻
　　$X^2 = X+1$　の解　$X = (1+\sqrt{5})/2 = 1.618....$

■ 白銀比
A4サイズ、日本古来の寺院建築
　　$1:\sqrt{2}$　$\sqrt{2} = 1.414...$

※図の中の数値は便宜的に各比率に近い整数比で表している

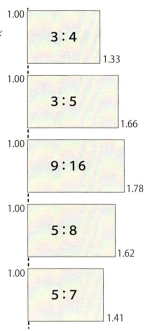

図6　さまざまな縦横比

第 **6** 章
高評価の事業提案書の作成ノウハウ

6-1 評価される事業提案書とは

　この章では改めて、審査委員が高い点数をつけてくれる「評価される事業提案書」「(入札に)勝つための事業提案書」はどう作成したらいいのか、どこに注意をして、何を重視するべきかといった点に触れていく。表現技術や表現方法に関するノウハウも紹介する。

◎事業提案書に目を通す審査委員も忙しい

　まず、事業提案書に目を通して審査するのは基本的に忙しい人ばかり、と認識してほしい。学識経験者や実務経験者らで構成する審査委員会は、発注者となる地方自治体サイドでメンバーを選定する。その際、PPP-PFIや公共事業全般に幅広い知見を持ち、ネームバリューもある人たち、あるいは自治体の幹部職員で当該業務に精通している人等が候補リストの上位にランクされ、人選作業が進んでいく。

　ところで、幅広い知見を持ち、ネームバリューもある学識経験者といったら、その数はわずか。そのため、有識者系の審査委員は、大学教授で国の審議会等の公職に就き、さらに別の入札案件の審査委員も引き受けているような多忙な人たちが多くを占める。一方、実務者系の地方自治体の幹部職員らは日頃の業務に審査委員の仕事が付加される形となるので、こちらも忙しい。

　現実には、アドバイザリー業務を行っている会社の人が、提案書の記載内容から要求水準以上の加点項目・内容をピックアップし、各コンソーシアムの比較表を作成して評価資料としているケースが多い。また、1次、2次審査の段階では、審査委員の部下や後輩が提案書の採点を手伝っているパターンもあるようだ。

◎評価されるための6つのキーポイント

 そうした審査の実情を踏まえると、忙しい人、あるいは若手が読んでも納得する提案書をつくる必要がある。納得し評価してもらえるためのキーポイントは何か。私自身の経験や関係者の話を総合すると以下の6項目が浮かび上がってくる。

 「発注者側の意図の理解」「要求水準に対する明確なアウトプットとインプット」「ロジックがしっかりしている」「読みやすい、分かりやすい」「ストーリー性がある」「熱意やハートが感じられる」――である。

 次節以降、この6項目を実践するための勘所とテクニックを紹介していく。

6-2 発注者側の意図の理解

◎発注者側は何を求めているか

 前節で示した6項目の最初に出てくる「発注者側の意図の理解」は、提案書作成のスタート地点であり第一関門ともなる。提案書はあくまで「発注＝注文内容」に応えるものなので、まず発注ありき。もし、誤解や勘違いをして注文内容とかみ合わない提案をしたら、その提案は真っ先に却下されてしまう。

 発注者側の意図を正しく理解するためには、繰り返しになるが、募集要項、要求水準書を十二分に読み込んで、さらに、まちづくり計画や施政方針等の上位計画にまで目を向ける必要がある。

◎発注者側への質問回答による問題点や課題の明確化

 書類に目を通すほかにもやるべきことがある。質問回答書をはじめ、

公募前のサウンディング及び公募後の競争的対話に関する取り組みだ。質問回答書を活用して、公募資料の記載内容等に関する疑問点や問題点を発注者側に問い合わせ、回答内容を分析検討して提案内容に反映させる。

　サウンディング（調査）は、地方自治体等が案件の検討段階で民間の意見、提案を取り入れるために行い、競争的対話は、募集要項等に対する民間の疑問、質問に答える目的で実施される。これらのやり取りを通して、疑問を氷解させ、また自治体等の本音を引き出せれば第一関門は突破したことになる。

◎対象施設の特性に応じた課題と対応策を明示

　対象となる施設の特性に応じた課題と対応策を明示することも、提案力アップの要件となろう。例えば、ごみ焼却施設では建物は耐用年数50年で建てても、中に入る機械はせいぜい20年しかもたないものも多いので、機械の交換や大規模修繕を想定した提案をする。また、学校の場合は、少子化で生徒数が減少し続けることや、教育のグローバル化等、教育内容が変化することを踏まえた提案を心掛ける。

　これらの例は将来を見据えて柔軟性や拡張性を重視するパターンとなるが、その他、人命にかかわる施設なのか、ランドマークやシンボルとしての役割を担うのか、地域住民が日常的に利用するか…等、施設の特性を見極めて、その課題を抽出し、提案内容に反映させることを常に頭の中に入れておきたい。

◎立地場所や地域特性に応じた課題と対応策を明示

　立地場所や地域の特性に応じた課題の抽出と対応策の提案も重要だ。中心市街地か郊外か、洪水や土砂崩れのリスクがあるか、景観条例との兼ね合いは…等、それぞれの場所、地域が抱える事情を斟酌して、それぞれにふさわしいアイデアをひねりだせば、高評価、高得点の提案とな

るだろう。

　発注者の信頼を得るための努力や工夫も忘れてはならない。その際には、発注者に「安心して任せられる」と思ってもらうことが、受注・選定獲得の必要条件となるからだ。

　世の中の流れを絶えずウォッチして、提案の中に時代のニーズを反映させることも大切なテーマとなる。例えば、地震、大雨をはじめとする自然災害や事件、事故の傾向を分析し、適切な安全対策を記述することが強く求められる時代になっている。

　東日本大震災以降、熊本、大阪をはじめ全国各地で大規模な地震が発生し、南海トラフや首都直下型の大地震の心配も広がっている。そんな折、防災拠点としての活用を積極的に提案するのも有効だろう。

　例えば、ごみ焼却施設やリサイクル施設が防災拠点にも使えるという提案等は高得点につながる可能性は高い。この辺りは、日頃のロビー活動等を通して行政当局の意向を把握して、意向に沿う形としたい。

◎現場情報の活用

　現場情報、周辺情報をうまく生かせるか否かも提案力を左右する大きな要因となる。なかなか表には出てこない情報が現場に行けば見つかることもある。例えば周辺に研究所や高齢者施設、障害者施設があるかどうか。もしあったなら、どんな配慮をすればいいのか等、現地調査に基づいて、目配りが行き届いた提案をすれば、加点材料の1つとなる。

　現地の地域特性や施設の立地条件を調べることは、どの案件にも欠かせない基本動作となる。現場に行かず、現場を知らないままでは、いくら立派な提案を練り上げても机上の空論に終わってしまう。

　審査委員の間にも、そうした共通認識があるので、現地調査を積み重ね、地域特性、立地条件等をどれだけ把握したか、"現場の把握度合い"を書き込むことが大きなアピール材料となる。把握度の高さを裏付ける資料として、地元中小企業等から関心表明書を取りつけることを忘れて

はならない。

◎各論だけでなく全体を俯瞰

　事業提案書には、会社あるいはグループとしての当該事業に寄せる思いやビジョンを書き込むことも求められる。コンセッション方式は通常、数十年に及び、他の公共事業も5年以上にわたる中長期の案件が少なくない。

　そのため、発注者サイドとしては、ずっと続ける覚悟があるのかどうか、民間企業の意欲や意気込みが気になり、そのリトマス試験紙として思いやビジョンを要求するわけだ。ということで、そこに書き込む内容は審査時の大きな判断材料となる。

　各論より総論。ビジョンでは全体を俯瞰し、進むべき方向性を明示することが肝要だ。ややもすると、「木を見て森を見ず」に陥りかねないので"鳥の目"から森林がどう生育していくかの全体像を提示したい。

◎ハード面だけでなくソフト面にも配慮

　PPP-PFI事業においては、施設の機能や性能等のハード面だけでなく、利用状況や管理運営状況等のソフト面にも配慮する必要がある。今日、多くの施設ではハード面とソフト面を比べると、ソフト面での価値が高まっている。消費者ニーズのモノからコトへの移行といった世のすう勢に呼応する形で、ハード面と同等かそれ以上に重要視されるようになってきている。

　そんな中、利用者目線で使い勝手のよさを追求するといったソフト面に関する取り組みが、提案力アップの大きな要素になる。関連して、当該事業・施設のステークホルダーへの配慮にも気を配りたい。

　図6-1は、地域住民以下、自治体、議会、審査委員、事業者、職員（施設スタッフ）、関連団体といった多くのステークホルダーが公共施設を取り巻いている状況を示している。あるべき公共施設に向けて、各ステー

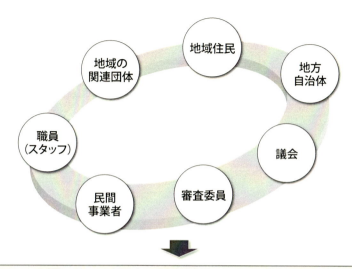

図 6-1　PPP-PFI 事業を取り巻くステークホルダーへの配慮

クホルダーのニーズ、ウォンツにできるだけ応えたい。

例えば、「よい公共施設にはよいスタッフがいる」といわれるように、CS（顧客満足度）の向上のためには、ES（従業員満足度）の向上にも配慮すべきであろう。もちろん、公共施設によって最大の恩恵を受けるのは地域住民であるべき。その視点を忘れずに、一方で各ステークホルダーへの目配り、気配りを抜かりなく行うことが求められよう。

6-3　要求水準に対する明確なアウトプットとインプット

◎要求水準とアウトプット、インプット

第2章において、要求水準とアウトプット仕様、インプット仕様の関係について述べたが、ここで再度整理してみよう。「要求水準」を辞書

で調べると、「課題を実行する際に目標とされる水準」（大辞林）と出ている。PPP-PFI等の受発注の際に用いられる要求水準は、いわゆる仕様を意味し、大辞林の「目標とされる水準」というより「（発注者が求める）最小限、最低限の水準」の方が適切だろう。

一般には出力、入力を意味するアウトプット、インプットだが、要求水準の文脈で使われる時は、少し違った意味をもつ。「アウトプット＝民間事業者が達成すべきサービス内容等の水準」「インプット＝どのような方法でサービス水準等を達成するかの実施手順」――をそれぞれ表す。

◎アウトプット、インプット記載に当たっての4つのキーワード

では、事業提案書にはどんなアウトプット、インプットを書き込んだらいいのか。そこで、4つのキーワードをお勧めしたい。

まず、「新規性」に富むこと。従来の提案にはない発想や視点をアピールする。新しい技術や工法の導入がそのいい例になる。ただし、新技術、新工法では公の認証を得ているかの確認作業が必要だ。

続いて、「独自性・独創性」に富むこと。新規性に近い概念だが、例えば、要求水準書では触れていない項目を取り上げて、その効用を強調すれば、独自性に富む提案となろう。分析結果の明示、検討結果の可視化等、見せ方の工夫や、特許、独自技術の活用も独自性・独創性につながる。

3つ目のキーワードは「具体性」。提案に至る検討過程や裏付けとなるものを明示する、現時点の諸課題と各課題の解決策を個別具体的に明記する――といったことが具体性を高める。その際、「○○％の経費削減が可能になる」等、できるだけ定量的表現を心掛けたい。

最後が「実現性・確実性」。実現性・確実性を担保するには、過去案件のデータを踏まえる等、実績に基づく知見を反映させることが一番だ。また、その道の第一人者等、外部の評価を提案書の中にうまく取り入れ

ることも有効な手立てとなる。

6-4 アウトプットとインプットの記載方法

◎まずは公募資料や上位計画等の読み込みから始まる

　まず、公募資料や上位計画の読み込みに始まり、発注者の意図を十分理解し、意図に沿った提案をすることがはずせない。

　アウトプット、インプットに関する「4つのキーワード」に続いて、各キーワードを織り込む提案書作成のノウハウあれこれを紹介しよう。

◎提案内容の表現技量を高めて効果を的確に伝える

　最近は、PPP-PFI事業に参画する各コンソーシアムの提案レベルが一段と高くなってきている。そのため、提案内容自体は甲乙つけがたくても、提案による効果を的確に審査委員に伝えるための表現技量が低いと評価されないことがある。

　ということで、審査委員に理解されやすい「切り口」で論旨を展開していくことが大切だ。基本の1つとして、「QCDES」の5文字に目を向けてみよう。

　最初の3文字「QCD」はQuality＝品質、Cost＝費用、Delivery＝納期等を表す。高品質、低コスト、短納期はあらゆるビジネスシーンで顧客が求める普遍のテーマ。入札案件でも高品質、低コスト、短納期を訴求することが、発注者の信頼感、安心感を呼び起こす。

　続く「ES」はEnvironment（Ecology）＝環境、Safety＝安全をそれぞれ意味する。環境への配慮を忘れずに安全安心を最優先にする。

　こうしたQCDESに関する一連の取り組みが、発注者、審査委員の共感を呼び、延いては厚い信頼を勝ち取ることにもなろう。

◎提案の趣旨や視点の明示

発注者側の意図に沿ったうえで、なぜ、こうした提案をするのか、提案の趣旨や視点、着眼点を明示することも大切だ。提案内容をいきなり箇条書きするのではなく、その前段に趣旨や視点を書き添えることで、提案項目の着眼点が明確になり提案の深みを増すことができる。

◎「目的→手法→効果」を明確にした書き方

記載方法の基本パターンとして、「目的→手法→効果」の3つを順番に書くことを覚えてほしい。何を目指して（目的）、どんな方法で何をして（手法）、どういった結果をもたらすか（効果）──を提示する。当たり前のようだが、意外なほどできていないのが現実だ。この書き方は、繰り返し作業を行っていく中で身につけていただきたい。

◎要求水準を超える提案内容や標準案との違いを明確にする

要求水準を超える仕様を提案することも常に意識すべきだろう。例えば、耐震強度として「震度6でも被害が生じないように」と要求されていたならば、震度7にも耐えられる提案をする。その際、不要なオーバースペックと判断されては意味がない。発注者側にとって設計仕様の変更を伴うような提案は、手間がかかるのであまり歓迎されていない。

さじ加減が微妙な"適度な上乗せ"により、審査員の共感を得て加点材料としたい。関連して、発注者が参考となる「標準案」を提示するケースでは、標準案との違いを明確にして、自社提案の優位性を強調することが大切だ。

◎加点内容は具体的かつ定量的に評価できるようにする

複数のコンソーシアムから提出された提案書は、それぞれを比較検討しながら評価される。そのため、できるだけ具体的かつ定量的に記載す

ることで、審査委員が優劣をつけやすいようにしたい。

6-5 ロジックの整理

◎ロジカルシンキングの手法を取り入れる

　ビジネス文書はすべて分かりやすさ、明晰さを旨とする。書き手は、読み手が誤解したり迷ったりしないように細心の注意を払って書き進める必要がある。事業提案書もしかり。誤解や迷いを与えない分かりやすく明晰な文章が評価される提案書の必要条件となる。そのための有効な手立てとしてロジカルシンキング（論理的思考）を心がけたい。

◎ロジックツリーの活用

　ロジカルシンキングとは、問題を要素に分けて整理し、結論を導き出

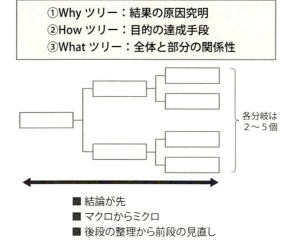

図 6-2　ロジックツリーの活用

す思考法で、「原因と結果の筋道」を探る思考法ともいわれている。**図6-2**は、ロジカルシンキングを手助けする「ロジックツリー」を模式化している。

ツリーの先頭部、左端に結論や結果を書き、結論、結果に至る要因を次の段に表す。続いて、要因を導くものは何かを示して、さらに、その原因、理由を書き連ねるという作業を重ねていく。枝分かれの数は、それぞれ2個から5個程度がよいとされる。

こうして出来上がったピラミッド型ツリーが、明確な事業プランの作成等に効力を発揮する。ツリーの種類は①なぜそういう結果になったかの原因究明に役立つ「Whyツリー」、②目的を達成するにはどういう手段が望ましいかを示す「Howツリー」、③構成要素を洗い出し全体と部分の関係を捉えるための「Whatツリー」——の3つに大別される。

3つのツリーを使い分けて、ロジカルシンキングを実践し、文章作成に生かしてもらいたい。

◎階層レベルによるミッションの違いを明確化

ロジックの整理という面では、業務に携わる人の階層レベルを明確に

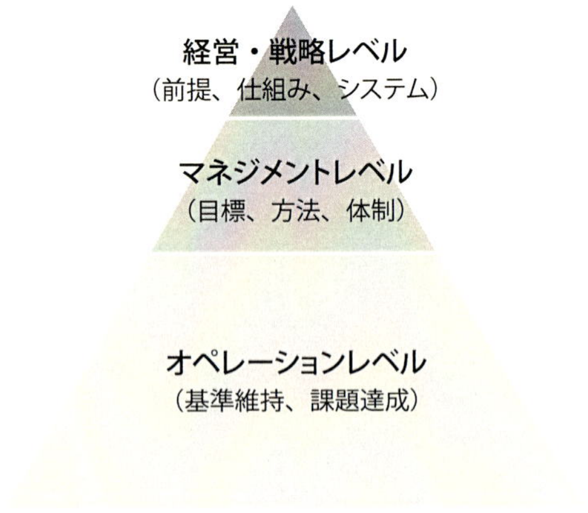

経営・戦略レベル
（前提、仕組み、システム）

マネジメントレベル
（目標、方法、体制）

オペレーションレベル
（基準維持、課題達成）

図6-3　階層レベルとそのミッション

することも有効な策となる。図 6-3 は、組織に属する人たちを経営・戦略レベル、マネジメントレベル、オペレーションレベルの 3 階層に分けて、それぞれのミッションを表している。

各階層を明確化することが、誰が何をするかの役割を規定し、延いては分かりやすく明晰な提案の作成につながっていく。

6-6 事業提案書の変遷

◎事業提案書の参考例

PPP-PFI に関する事業提案書については、各地方自治体のホームページにおいて、対象となる公共施設の事業提案書（事業計画書）、またはその概要版等が公表されていることがあるので、こまめにチェックし参考にされたい。

◎文字主体の時代からビジュアルな表現の時代へ

事業提案書も時代とともに、数年ごとに変化してきている。図 6-4 の上段の提案書は今から十数年前のものであり、下段の提案書は今日のものである。大きな流れとして、文章だけの説明から、図表や写真、CG（コンピューター・グラフィックス）を挿入したビジュアルな表現へと移行してきているのが読み取れよう。

◎ 3DCG の活用による表現技量の向上

CG の進歩発展により、表現力に富みデザイン性豊かなフロー図、概念図等が広く使われるようになっている。3D（3 次元）CG を駆使した立体的表現で施設、設備、機器を表す傾向も強まっている。サンプルは以下の図 6-5 の通り。

十数年前

現在

図 6-4　事業提案書の変遷

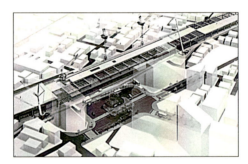

図 6-5　3DCG のイメージ

第6章　高評価の事業提案書の作成ノウハウ

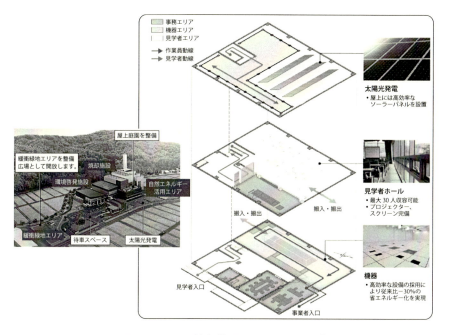

図6-6　ごみ焼却施設の3Dイメージ

　3DCGによる立体的な表現は、施設や工事・工法がテーマとなるPPP-PFI等の提案書に、よくマッチする。関連ソフトの進化もあって、効率良くハイレベルの3DCGを制作できるようになったので、使わない手はない。**図6-6**は、ごみ焼却施設の外観や作業者・見学者動線を3次元的に表現したもの。施設のイメージが鮮明に浮かび上がってくる。

　以前は模型を制作して提示することがよくあったが、3DCGの進歩により、今では模型はあまり使われない。コスト、制作時間、訴求力のいずれにおいても3DCGの方が勝るからだ。より訴求力が高い3DCGの動画バージョンが活用されるようにもなってきている。

6-7 読みやすさと分かりやすさ

◎新聞記事の書き方（5W1H）を手本に

　読みやすい、分かりやすい文章のお手本となるのは新聞記事だろう。新聞記事は5W1H＝いつ（When）、どこで（Where）、だれが（Who）、なにを（What）、なぜ（Why）、どのように（How）──が基本の骨組みとなっている。この骨組みを事業提案書でも採用するのが望ましい。

　提案書の場合は5W1H＋1H（How Much＝いくらで）の5W2Hが基本パターンとなる。それぞれの項目に記述する内容は図6-7に示している。

　新聞記事は書き出しの部分に最も重要な事柄を載せている。スペースの制約から後半部分はカットされることが往々にしてあるからだ。そのため、新聞記者は「逆三角形の記事」、つまり、最も大切なことを第一段落に書き、それ以降は大切な順に書き連ねるスタイルを身につける。

　新聞記事以外では、「起承転結」を踏襲して、経緯をたどって結論を最後に書くスタイルが少なくない。では、「逆三角形」と「起承転結」のどちらが提案書に適した書き方なのか…。正解は「逆三角形」。忙し

Why	どんな目的で	応募の動機、事業理念
Who	誰が	事業スキーム、実施体制
Where	どこで	施設設置目的の理解、サービス提供の場
What	何を	実施事業やサービス・プログラムの内容
When	いつ	年次計画、実施時期、納期
How	どうやって	実施方針、実績や経験、ノウハウの活用
How Much	いくらで	収支計画

図6-7　５Ｗ２Ｈの基本パターン

い中、たくさんの書類を読まねばならない審査委員にとっては、まず結論ありきの方が、ずっと読みやすく、延いては高評価につながるからだ。

◎平易な文章表現とする

難解な文章を書くのではなく、読む人にやさしい平易な文章表現に心がけることが大切だ。その際に参考となるのが、公務員向けの文章作成術であり、これについては、いくつかの書籍が出版されている。

ポイントとしては、文章は短く「短文主義」を基本とすること、主語を明確にすること、曖昧な表現を避けること、専門用語や英文・カタカナには注釈をつけること――等がある。

◎１つの文章はなるべく短く

１つの文章が短いのも新聞記事の特徴で、この短文主義も見習いたい。読みづらい、分かりづらい文章の典型が「入れ子構造」と呼ばれるもの。入れ子構造は、主語と述語の関係（主述関係）の中に別の主述関係が入れ子のように入り込んでいる形態で"悪文の見本"とされる。短文主義を貫けば、そうした愚を犯すことはない。

短文主義については、１つの文の文字数は150程度以内に収めたい。事業提案書をWordにて作成する場合には、基本フォーマットの場合、１行の文字数が約50字程度であるから、３行以内が目安となる。

◎タイトルや小見出しで読ませる工夫

提案書では本文と併せて、タイトルや小見出しにも気を配りたい。タイトル、小見出しの巧拙は、審査委員が、その部分をじっくり読んでみようと思うか、読み飛ばしても構わないなと判断するかの分かれ道になるからだ。特に、重点項目、加点部分と見ているところは、審査委員が興味を持つようなフレーズをひねり出していただきたい。

複雑なことや多くの事柄を提案に盛り込む時は、要約して箇条書きに

するのが一般的である。箇条書きや分類項目は、5つ程度とし、それ以上になる場合には再分類して、タイトルや小見出しをつける。タイトルや小見出しには、切り口や具体的内容をイメージさせるような枕詞をつける等の工夫をする。

　これにより、審査委員がななめ読みしても内容が理解しやすくなるとともに、タイトルや小見出しの下に続く文章が生きてくる。

　例えば、「各施設の動線計画」「効率的・効果的な運営」とするよりも、「歩車完全分離による安全性を最優先にした動線計画」「スケールメリットを生かした効率的・効果的な運営」とした方が内容のイメージがつきやすい。

◎句点や読点の入れ方

　句点や読点の入れ方については、絶対的な決まりというのはないが、読む人のことを配慮して読みやすいように入れることだ。句点「。」は文章の切れ目として、文末に入れる。文末が体言止めの時には入れない。カッコ（　）の中が文になっている時は文末に入れる。

　読点「、」は、語句の切れ目に入れ、語句の意味や続き方を示すために入れる。日本語は主語が曖昧な言語ともいわれているが、主語又は主題の後には、読点を入れる。提案書の1次原稿を見ると、「〜し」という表現が同じ文章の中で繰り返し使われているのを見かける。同じ言葉の重複は避けたい。「〜し」の後には読点を入れ、「〜して」の後には読点を入れない。限定句や条件句の後には読点を入れる。名詞や語句を列挙するときには読点を入れる。読点が適度に入っていない長い文章を読んでいると、息継ぎができなくなってしまい、審査委員にもストレスを感じさせるおそれがある。

　「が」と「は」の使い分けを聞かれることがある。「が」は未知情報の主語で、例えば「春が来た。」という。「は」は既知情報の主語で、「春の小川はさらさらいくよ。」等といわれている。

◎文章表現の工夫

　ひらがなはある程度多くしたい。漢字が多いと堅いイメージになるので、漢字の比率は30％程度に抑えた方が読みやすい。文体は「です」「ます」調にする方が丁寧でやさしい印象を与える。タイトルや本文等の文字の大きさやフォント（書体）を使い分ける工夫もしてほしい。
　例えば、MS明朝は文字の線が細く見慣れているので長文向きだろう。MSゴシックは、文字が太く角ばっていてインパクトがあるので、タイトル向き。HG丸ゴシックM-PROは、文字は太くてインパクトがあるが、文字が丸くてやさしい印象を受けるため、提案書の文章部分に使われることもある。
　文章の行間は、あまり詰めないで余白部分があった方が、文字が引き立って読みやすい。

◎図解表現の活用

　文章を記述する際の心構えとしては、「分かりやすさ」を常に念頭に置いていただきたい。分かりやすさの好例として、富士山を表す時、等高線を使うか、写真や3DCGを用いるかの選択問題が挙げられよう。等高線でピンとくる人は専門家を除くとまずいないので、写真や3DCGのような3次元的表現を選んだ方がいい。同様に文章のみで内容を伝えるより、図や表を用いた方が簡潔に要点を説明できることが多々あるので、図表の積極活用を心がけたい。
　提案内容の重要部分には、図表や写真でイメージ化しておいた方が内容は引き立つ。図表中には、ポイントとなる部分にコメントを入れておくことで、見る人にとって視点が理解しやすい。白抜き文字を使う時は、背景を濃くして明度差を確保してあげると目が疲れている人にとってストレスを感じさせない。

6-8 文字は少なく、図表で表す

◎事業提案書のビジュアル化

　事業提案書の変遷（6-6節）で示したように、図表や写真、CGを使ったビジュアル化が大きな潮流となっており、この流れに逆らう手はない。「事業提案書のビジュアル化＝提案の見える化」を、"時代のニーズ"と捉え、見える化に磨きをかけることが肝要だ。

◎図解表現のメリットと注意点

　「図解表現＝図表」の活用には「概要を素早く伝えられる」「要素同士の関係、構造、流れを整理して提示できる」「少ないスペースで多くの情報を提供できる」「内容に変化を与え、印象付けられる」——等のメリットがある。

　図表作成のノウハウとして、図表の中にコメントを挿入することを覚

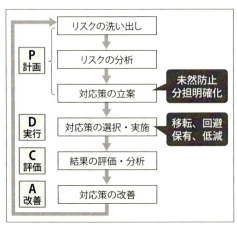

図6-8　図表中のコメント例

第6章　高評価の事業提案書の作成ノウハウ

えてほしい。図6-8の吹き出しで囲った「未然防止、分担明確化」「移転、回避、保有、低減」（左図）や「中間まとめ」（右図）がコメントの実例となる。

ただし、図解表現は、図表そのものが主役ではなく、あくまで文章の内容を補完するものと捉え、図表にあまり多くのメッセージを詰め込まないことだ。約3秒程度ぱっと見て分かるようにした方がよい。

◎コンセプト図作成のポイント

コンセプト図では、見てほしい、アピールしたい強調点を、一方、工程表やプロセス図では、ボトルネックや課題、あるいはその改善方法をコメントとして示すと、読み手の理解度が一段と高まる。

数ある図表の中でも最も重要なのは、事業提案の勘所を要約するコンセプト図であろう。提案書全体のエッセンスの中のエッセンスともいえ、英知を結集して、優れたコンセプト図を作成したい。

コンセプト図作成のキーワードは「絞り込み」。伝えるメッセージをできるだけ絞って、あれもこれもと欲張らないことだ。たくさん詰め込んで複雑化したコンセプト図は読み手の心に響かない。シンプル・イズ・ベストで、インパクトのあるデザインが加われば、なおいい。手本となるコンセプト図を図6-9に示した。

■あまり複雑にしない（読む方の理解が大切）
■伝えるメッセージを絞る
■インパクトのあるデザイン

図6-9　コンセプト図のイメージ

◎図表の配色のポイント

続いて図表の配色について見ていこう。最も気をつけるべきは、色数を使い過ぎないということ。使い過ぎると提案書全体がカラフルなイメージとなって、読み手に軽さ、落ち着きのなさ等、ネガティブな印象を与えてしまうからだ。

原則として使う色は2、3色どまり、それも淡い色を基調とするのがいい。全体のボリュームが多くて、図表をたくさん用いる提案書でもせいぜい5色程度にとどめたい。

色使いに関しては、ディスプレーに表示される色と、紙に印刷された色は違ってくる点にも気をつけたい。ベックスでは毎年、オリジナルカラーパレットをつくって微妙な調整をしている。施設のゾーニング等で色分けが大きな役割を果たすので、色使いや色合いには細心の注意を払いたい。

◎強調文字の使い方

色や字体、大きさが通常の文字とは異なる強調文字を使うのは、文章のアクセントとなり、読みやすさ、分かりやすさにつながる。ただし、強調文字の使用頻度は極力抑えたい。強調文字があちこちにあったのでは、強調の意味がなくなってしまうからだ。併せて文章より文節、文節より単語と、できるだけ短い部分を強調文字にすることをお勧めする。

6-9 ストーリー性のある表現

◎事業提案書全体のストーリー性

審査委員は一般的に、事業提案書を1ページずつめくって読んでいく

第6章　高評価の事業提案書の作成ノウハウ

ストーリー性とは

■ 起承転結、序破急、演繹法、帰納法　（誰でも知ってる論理）
■ 基本的な考え方 → 具体的な方策
■ タイトルや図表・写真・強調文字を追っていくと流れが分かる

【起承転結】4コマ漫画　起：導入部、承：論旨の展開、転：盛り上がり、結：しめくくり
【序破急】　三幕構成　　序：導入部、破：論旨の展開、急：盛り上がり・むすび
【演繹法】　一般論から個別論に展開する
【帰納法】　個別論から一般論を導く

事業提案書では、"目的→手法→効果"の書き方が基本

■ なぜこの提案をするのかの記述が大切
■ 各論ではなく全体を見渡し、取組視点を明示

図6-10　ストーリー性のある表現

が、事業提案書にストーリー性があると、導入部分から興味を持ち、次のページを自然と読む気になれる。さらに、読んだ後に、提案内容が記憶に残りやすくなることで評価につながる。

　ストーリー性に関連する文章表現法や推論方法として、起承転結、序破急、演繹法、帰納法等が知られているが、図6-10にそれぞれの要点を示している。これらの構成や論法を押さえておくとよい。

　ストーリー性の確認には、事業提案書を壁に貼って見ていくことをお薦めする。理念や基本方針を示した導入部分から、設計建設や管理運営を示した各論が展開され、それが地域に与える影響等の盛り上がりやしめくくりとなっていくのが読み取れる。

　その際に、タイトルや小見出し、強調文字、図表や写真等を、いわゆるななめ読みで追っていくだけで、事業の全体像や流れが分かることが大切だ。

◎文章作成におけるストーリー性

 これまで図解表現や 3DCG の効力を説明してきたが、図表や CG はあくまで付録であり、文章内容を補完するもの、文章そのものがメーンコンテンツであることを忘れてはならない。
 文章作成においても、ストーリー性を意識することが大切だ。6-7 節の「読みやすさと分かりやすさ」で、最も大切なことから順に書いていく逆三角形型の方が提案書には向いていると説明した。ここで、一見矛盾しているようだが、ストーリー性を生み出すには、さまざまな構成や論法を組み合わせることが重要となってくる。
 なお、事業提案書における個々の文章では、「目的→手法→効果」を順番に記載することで、ストーリー性を自ずと醸し出すので、この目的→手法→効果の書き方をぜひ身につけたい。

6-10 地域住民と読み手への配慮とやさしさを大切に

◎熱意やハートが感じられる表現

 提案書の文章には熱意やハートが感じられる表現も必要だ。では、読み手はどんな文章に熱意、ハートを感じ取るのだろうか。それはオーバーな言い回し、あるいは「あれもやります」「これもできます」といった選挙公約のようなものではなく、むしろ淡々とした記述の中にきめ細かな配慮、行き届いた目配りが感じられるような文章ではないか。

◎地域への配慮

 配慮や気配りをする相手先は、地域であり、利用者及びスタッフであり、さらに環境でもあろう。そのうち、地域に関しては、地域住民、自

治会等の関連団体、自治体、議会、中小企業等、さまざまなステークホルダーが対象となる。

そのうえで、「地域密着」「地元への貢献」「共生・協創」等の理念に基づく具体的な提案を書き込んでいく。例えば、「当該施設では地元の高年齢者や主婦を積極的に採用し、働き方改革のモデルケースにする」と、時流に沿った人材活用策を打ち出せば、読み手の好感度は高まろう。

◎利用者やスタッフへの配慮

利用者及びスタッフに関してでは、CS（顧客満足度）とES（従業員満足度）をキーワードとする取り組みを子細に説明することを心がけたい。CSの面からはホスピタリティ（思いやり、おもてなし）の向上につながる具体策や障害者への対応策を、ES関連としてはスタッフのモチベーションを高める諸施策等を、知恵を絞ってひねり出したい。

◎環境への配慮

東京・築地市場の移転で、移転先の豊洲の土壌汚染が大きな社会問題となったのは記憶に新しい。環境問題はどこにでもあり、避けては通れないと認識したうえで、ベスト・ソリューションの提案を心がけたい。

環境の切り口では、CO_2対策、省エネルギー、3R（Reduce＝減らす、Reuse＝繰り返し使う、Recycle＝再資源化する）、5R（3RにRefuse、Repairを加えたもの）等から、騒音・振動、ごみ・悪臭、大気・水質・土壌汚染まで、多種多様な環境問題にどう臨むかを明示することが肝要だ。その他最近の提案書に見られる環境への取り組みの参考例を以下に挙げる。

「ゼロエミッション」（Zero Emission）とは、建設現場等から発生する廃棄物の全てを再資源化する仕組みをいう。CASBEE（Comprehensive Assessment System for Built Environment Efficiency、キャスビー、建築環境総合性能評価システム）は、建築物の環境性能で評価し格付け

する手法で、評価の高い方から「S」「A」「B+」「B-」「C」の5段階がある。SDGs（Sustainable Development Goals、エス・ディ・ジーズ、持続可能な開発目標）は、持続可能な開発のための17のグローバル目標と169のターゲット（達成基準）からなる国連の開発目標であり、2015年の国連サミットで採択された。ZEB（Net Zero Energy Building、ゼブ、ネット・ゼロ・エネルギー・ビル）とは、建築物の運用段階におけるエネルギー消費量を、省エネや再生可能エネルギーの利用を通して削減し、限りなくゼロに近づけるという考え方である。

　これらの環境問題への取り組みに関する新しいシステムや考え方は、発注者側も大きな関心を持っているので、切り口を明確にしてできるだけ具体的な方策を盛り込むといい。

　各方面に対する配慮や目配りが読み手にひしひしと伝わる——それが提案書作成の極意となる。その極意を習得するには、地域、利用者、スタッフ、環境のすべてに対して「やさしさ」を持つことが欠かせない。

column 6

親しみのある色使い

　私の趣味の1つにプラモデル作りがある。帆船、飛行機、宇宙ロケット、城等をよく作っていた。今は、社長業が忙しくてなかなか時間が取れないため、Nゲージの鉄道模型等を収集している。プラモデル作りをしていたころは、実物に近づけようとプラ塗料を100種類ぐらい持っていたほどだ。絵を見るのも好きで、若いころに、フィレンツェのウフィツィ美術館やパリのルーヴル美術館で見た絵画に驚きと感動を覚えたものだった。そんなことで、小さい頃から色使いには敏感な方だった。

　提案書づくりにおいて、図表等の色使いには、見る人が抱くイメージに視点を置くことが大切である。新聞に入ってくるチラシ等のポップ（POP）公告で使われるような、原色に近い派手な色使いは避けた方がいい。あくまでも、文章で書かれている提案内容が主役となるからだ。当社でも、新人デザイナーに図表を作らせると、最初はどうしても目立つような濃い色使いをしがちだ。提案書の中の図表は、淡い優しい色使いをした方がストレスを感じずに読みやすい。そのため、当社ではオリジナルの「カラーパレット」を作成して、色使いを指導している。

　見る人に親しみやすい美しい色とは、普段から私たちが移ろいゆく四季の自然の中で感じる色ではないだろうか。例えば、虹の配色としてイメージされる「赤・橙・黄・緑・青・藍・紫」の7色がある。このほかにも、日本には古来より、暮らしの中で見いだした伝統色という繊細な色の世界がある。その数は千種類以上に達するともいわれ、大別すると、「赤系・茶系・黄系・

緑系・青系・紫系・黒白系・金銀系」となる。色の名前は、植物や動物、自然現象等からつけられたものが多いが、桜色のように時代の移り変わりとともに色彩が変化しているものもある。

　海外にも美しい色があり、画家のヨハネス・フェルメール（Johannes Vermeer）が「青いターバンの少女」で使用した青い色は有名である。この青色は、ラピスラズリという高価な鉱物を主成分とし、日本でも正倉院宝物に収蔵されている美術工芸品に使われている。ラピスラズリの色は、日本では「瑠璃色」と呼ばれている。

　公共施設の景観計画には、よく「アースカラー」という言葉が出てくる。アースカラーとは、大地、空、海、砂、草木等の自然をイメージする、彩度を落とした色合いを意味して使われる言葉で、落ち着いた雰囲気を醸し出し自然景観と調和しやすい。周辺の緑に溶け込みやすいことから、公共施設の外壁の色彩に採用されることが多い。

（写真はすべてPIXTA提供）

第 7 章
プレゼンテーションに挑む

7-1 プレゼンの実施例と確認事項

◎プレゼンテーションの実施例

　プレゼンテーションは通常、学識経験者をはじめ、公認会計士・税理士、地方自治体の外郭団体委員、それに地方自治体職員等多彩な顔ぶれの審査委員の前で行われる（図 7-1）。

　一般的には、プロジェクタを使用して、パワーポイント（Power Point）で作成したプレゼン資料を説明していく。事業の規模や内容にもよるが、プレゼン時間は 15 〜 30 分程度で、それに対する質疑応答が 15 〜 30 分程度ある。プレゼンに参加できる民間事業者は 5 〜 10 名程度が大半だ。

◎プレゼンに関する確認事項

　プレゼンについては、通常、プレゼン開催要領で以下のようなルールが提示される。①日時・場所、②プレゼンの持ち時間と質疑応答時間、③出席可能な人数、④プレゼン資料の配布の有無、⑤パソコン、プロジェクタ、スクリーンの用意は誰か、⑥パソコンやプロジェクタの持ち込みは可能か、⑦模型やパネルの持ち込み及び動画の使用は可能か——等である。もし記載がない場合は、発注者側に確認する必要がある。

　発注者側が用意したプロジェクタを使用し、自分たちのパソコンを持ち込む場合には、接続ケーブルの仕様に注意を要する。発注者側のプロジェクタのケーブル端子は 15 ピンの VGA 端子が多いのに対して、最近のノートパソコンのケーブル端子は HDMI 端子が多くなってきている。このままでは接続できないので、市販されている VGA-HDMI 変換ケーブルを用意しておけば、現場であわてなくて済むだろう。

　また、ノートパソコンのグレードも確認が必要だ。最近のプレゼン資

第 7 章　プレゼンテーションに挑む

図 7-1　プレゼンの実施例

料はパワーポイントに動画等が挿入してあると、容量が 100MB を超えてしまうことがある。発注者側が用意するパソコンのグレードは低いこともあるので、発注者側にパソコンの仕様を確認しておくか、または自分たちのパソコンで動作確認したうえで、持ち込みの許可をとるのが望ましい。

7-2　プレゼンの目的

◎プレゼンを行う理由

　プレゼンはなぜ実施されるのか。一連の審査過程の中でプレゼンが用意されている理由を審査員の目線で考えてみよう。
　事業提案書を読み込んだ審査委員は、「中核となる部分の説明がいまひとつ分かりづらい」「素晴らしい内容だが本当に実行できるのだろうか」「事業への取り組み姿勢や熱意を確認したい」——等、さまざまな

疑問や思いを抱く。それらに対する回答を提供するのがプレゼンである。
　すなわち、発注者側にとってプレゼンを行う目的とは、①提案内容の確認、②業務履行の確約、③取組姿勢や熱意の確認に主眼がある——ということを理解しておく必要がある。

◎プレゼンでの評価

　プレゼンは事業提案書を補完し、事業提案書に連なる審査手段であると捉えられる。プレゼンの出来次第では、各審査委員が行った採点に対し、上方修正されることもあれば、下方修正されることもある。事実、プレゼンの出来がよくなくて負けてしまった例もある。
　近年、プレゼンを重要視する傾向が見られることから、ないがしろにはできない。

◎プレゼン開催の２つのパターン

　プレゼンと事業提案書の関係には、いくつかのパターンがあり、提案書の提出期限とプレゼン開催日の間隔から、ある程度パターンを読み取ることができる。
　提出期限から１〜２週間以内にプレゼンを実施するような場合は、書類審査とプレゼン審査を合わせて評価するパターンで、つまり、プレゼンに対する配点が高い「プレゼン重視型」と推察できる。
　一方、提出期限から１カ月以上経ってから開催する場合は、書類での評価を一通り終えて、内容の確認や疑問を解消するための「プレゼン確認型」と見ていいだろう。
　こうした発注者、審査委員の意図を踏まえ、パターンごとの準備、対策を練り上げてプレゼンの場に臨みたい。

7-3 プレゼン準備の基本方針

◎プレゼン準備のためのチーム組成

　事業提案書の作成時に体制を整え綿密なスケジュールを組む必要があるのと同様に、プレゼンの準備作業でも、体制整備やきめ細かなスケジュールの策定が欠かせない。一連の準備工程を見ていこう。

　まず、提案書を提出し終えたら、ただちにプレゼンのためのプロジェクトチームを組成して準備に入るべきだろう。

◎綿密なスケジュール管理

　とにかく、早め早めの準備が肝要で、さらに綿密なスケジュール管理のもと効率的な作業を実践したい。ただ、提案書の提出期限とプレゼン開催日の間隔が1週間しかないようなケースでは、提案書の作成作業とプレゼンの準備作業を同時並行で進める必要がある。提出後のチーム立ち上げでは間に合わないからだ。

◎発注者側の意図を十分理解した内容の検討

　プレゼン内容の検討に関しては、これも提案書作成と同様に、地方自治体等、発注者の意図を十分に理解することが原点となる。

◎伝えたいメッセージを絞り込んだ表現技量の高い資料の作成

　プレゼンの資料作成で最も留意すべき点は、プレゼン時間を考えて詰め過ぎないようにすることだ。

　通常、プレゼン時間は15分から長くても30分程度。その時間で相手に伝わるメッセージはせいぜい5つ6つがいいところ。この辺りをきっちりと認識したうえで資料づくりに入りたい。

当社の過去案件の中で、30分のプレゼン用に90枚のパワーポイントをつくってくれという話があった。90枚の説明となると1時間あっても足りない。30分でやるなんて支離滅裂で、絶対、失敗すると説得し、結局、大幅に絞り込んだ。
　ついつい、あれもこれもと入れたくなるのが人情なので、詰め込み過ぎにはくれぐれも注意していただきたい。

◎想定問答集の作成とリハーサル

　想定問答集の作成と入念なリハーサルも忘れてはならない。プレゼンの後には、必ず審査委員側から質問が出る。どのような質問が出て、誰がどのように答えるかで、審査委員の心証が変わってしまう。これについては、次節以降で詳述する。

◎事業全体を説明するのか、強調したい部分のみ説明するのか

　プレゼンの時間は限られていて、事業提案書の内容を全て説明することは難しい。そのため、伝えたいメッセージ、キーメッセージを絞り込む際には、事業全体について説明するのか、それとも強調したい部分だけに照準を合わせた説明とするかの選択が重要だ。
　案件によってケースバイケースであろうが、さらりと全体を説明し、重点部分を深掘りする組み合わせが基本パターンといえよう。ただし、プレゼンで起死回生を狙う場合には、審査委員にインパクトのある内容に絞ってプレゼンを行う手もある。事実この方法で、プレゼンのおかげで勝ったケースもある。

7-4 プレゼン資料作成のプロセス

◎プレゼン資料作成に向けた4段階

図7-2はプレゼン資料作成のプロセスと、メッセージの構造を表している。作成プロセスは第1フェーズから第4フェーズまで4段階に分けて考える。骨格は事業提案書の作成と同じだ。

◎第1フェーズ：メッセージの明確化

第1フェーズでは「メッセージの明確化」に取り組む。図の中のピラミッドが、明確化すべきメッセージの構造となる。頂点にキーメッセージがあり、その下がサブメッセージ、さらに底辺部分がメッセージの内容・説明と、3部構成で成り立っている。

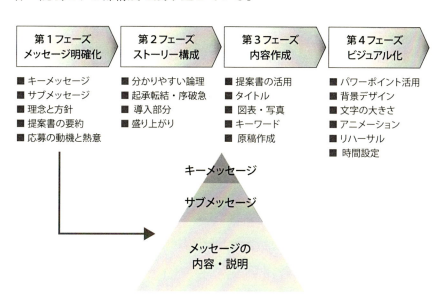

図7-2　プレゼン資料作成のプロセス

頂点のキーメッセージは、その名の通り、一番伝えたい、アピールしたいキーポイントのメッセージ。サブメッセージはキーメッセージを補強、肉づけするもの。キーとサブの両メッセージは、ピラミッド底辺部分に収まる「理念と方針」「提案書の要約」「応募の動機と熱意」といった説明のエッセンスを抽出し作成する。

◎第2フェーズ：ストーリー構成

　続く第2フェーズでは、プレゼンにおけるストーリーを構成する。ここでは起承転結や序破急のパターンを活用し、分かりやすく論理的な構成を心がけたい。ストーリー展開で特に配慮したいのが"つかみ"といわれる導入部分の入り方。審査員の気を引くフレーズをひねり出し、審査員が思わず身を乗り出せば、しめたもの。

　プレゼン途中の「盛り上がり」にも気を配りたい。飽きさせないように山場を設け、山場の部分に最も伝えたいキーメッセージを挿入できれば最高だ。

◎第3フェーズ：内容作成

　ストーリー構成ができた第3フェーズでは、原稿作成やキーワード、タイトル、図表や写真の割り付け等、コンテンツの作り込みに着手する。ベースとなるのは事業提案書で、提案書の要点をプレゼン資料に取り込むのが基本となる。

　また、図表や写真については、提出した事業提案書の中で挿入されたものを使用する。パワーポイントに貼りつけるために、縦横比や文字の大きさを多少変えることは許されるであろうが、全く内容の異なる新しい図表や写真を作成して使うことは原則禁じられているからだ。

◎第4フェーズ：ビジュアル化

　最終の第4フェーズでは「ビジュアル化」をキーワードに作業を進め

よう。パワーポイントの特性を生かした、視覚的に訴えるプレゼンの実現に向けて、細部にもこだわっていく。

　コンテンツがすべて出来上がったら入念なリハーサルが欠かせない。過不足なく、決められた時間通りにプレゼンを終えるには一にも二にも練習だ。通常は、ストップウォッチ片手に3～4回程度リハーサルを行っている。リハーサルの中では想定問答もある程度こなしておくと、本番の時、役に立つ。

7-5　想定問答集の作成

◎想定問答集は必ずつくる

　プレゼンでは通常、質疑応答の時間が設定される。質問に対して的確に答えられるかどうかが、評価の分かれ目ともなるので、万全の準備をしたい。そのためには想定問答集が必要だ。

　想定問答集の作成では、どんな質問が投げかけられるか、考え得る質問内容を列挙することが最も大切な作業になる。各質問の答えの大半は比較的、容易に記述できるので、とにもかくにも「質問探し」に精力を傾けたい。

◎質問には各応募団体共通のものと個別のものがある

　プレゼンの際、審査員が投げかける質問は、応募者全員に対する共通質問と、応募者によって異なる個別質問に分けられる。

　共通、個別のどちらにしても、過去のプレゼン事例や、審査委員が唱える学説、持論等を調査・分析しておくことが、質問探しに大いに役立つので、日頃からそれらの調査・分析に励みたい。

　よくある質問は「応募の動機」「事業継続が困難になった場合の対応」

「将来変化への対応」「地域貢献」「人材育成と確保」──等。

◎各質問に誰が答えるか決めておく

　想定問答集が完成したら、各質問に対して誰が答えるかを決めることも大切だ。プレゼンする人が全て答えるパターンもあるが、それだとプレゼンする1人に負荷がかかり過ぎるので、分担制の方がベターだろう。

　どんなに準備をしても想定問答にはない"想定外の質問"が飛び出すこともある。そんな時の最後の砦になるのが「ストロングマネージャー＝事業責任者」だ。ストロングマネージャーの胆力で想定外の事態を切り抜けるしかない。

7-6　プレゼン力をアップさせるポイント

◎発注者側の視点に立つ

　プレゼンを成功させるには、発注者サイドの行政当局や審査委員の視点に立って「何のためのプレゼンか」を理解することが欠かせない。

　7-2節でも述べたように、発注者サイドでは、事業提案書に書かれたことが本当に履行できるのかを確認したり、入札した民間事業者の意欲・熱意がどれほどのものなのかを感じ取ったりするためにプレゼンを実施する。

　それであれば、提案書通りに履行できることの裏づけとなるものを示したり、「安心して任せられる」と思わすだけの過去の実績の数々を説明したり、綿密な調査・分析に基づく各種データを織り込むことで本気度、真剣度を分かってもらったりと、リクエストに応じるあれこれを盛り込むべきだ。

第7章　プレゼンテーションに挑む

◎プレゼンする人は自分の言葉で話す

　プレゼンを務める人は当該事業の責任者クラスの人がいい。その中から、説明がうまい、信頼感・安心感を醸し出すといった人物を選びたい。責任者が自分の言葉で話すのが一番説得力を持つ。実際、最近の傾向として、代表企業の社長または役員等、役職の高い人が1～2分程度挨拶をし、その後に事業責任者がプレゼンするというケースが多くなっている。

　プレゼンでは、原稿の棒読みは避ける。レーザーポインターの活用をはじめ、話に抑揚を持たせ身振り手ぶりを交えながら、審査委員の興味や関心を惹きつけることに注力したい。

　ところで、プレゼンする際に、プロのアナウンサーのような人を起用しているケースがある。非常に流暢に分かりやすく説明するが、審査委員にとっては淡々としすぎて印象が薄いという声も聞く。雇ったアナウンサーは質疑応答の際には一切発言しないため、審査委員から見るとすぐに分かってしまい、重要なプレゼンを自分たちでできないのかと思われてしまうこともある。

◎プレゼンする人は寝不足を避ける

　プレゼンする人の大敵は前夜の寝不足。寝不足でプレゼンすると、頭が回っていないので、とっさの対応や、余裕を持って話すことが難しくなる。よく寝て、すっきり目覚めてプレゼン会場に向かっていただきたい。

◎サポーターの役割

　プレゼンの主役となる人と併せて、脇を固めるサポーターたちの"配役"にも気を配りたい。パワーポイントや想定問答集等の資料の作成者、プレゼン時のパソコン操作、タイムキーパー等、それぞれ適材適所を図っ

て最強チームを編成したい。例えば、パソコンの操作では、本番中に思わぬトラブルが生じることもあるのでITスキル・リテラシーを持った人を選ぶといった具合だ。

7-7 パワーポイントの活用及び演出効果

◎パワーポイントの活用

パワーポイントを活用する際には、文字はできるだけ大きくするとともに、つぶれない程度に太くする。実際に10ポイント程度の文字で細かく書いてあっても、プロジェクタで映してみるとほとんど読めない。

図表や写真は、前述のように、提案書に挿入したものを使うのが原則であるが、文字の表現だけだと単調になるので効果的に入れた方がいい。

文字や図表・写真等を見せる時には、アニメーションを取り入れたりする。アニメーションは凝ったものよりシンプルで統一感があるものを使いたい。あまり凝ったアニメーションを多用すると、審査委員が気を取られてメッセージの印象が薄くなるからだ。

◎ 3DCGムービーの活用

最近の傾向としては、3DCGムービーの活用が増えている。特に、事業費が100億円を超えるような大型案件では多く使われている。時間的には30秒～1分程度だが、建築CGパースから作成したものは、施設の全体イメージが掴みやすく、インパクトがある。

関連技術の進歩により、手軽に3次元の3DCGムービーを作成できるようになったので、動画の使用が禁止されていない限りは、使わない手はないだろう。

◎パネルと模型

　パネルは、配置図や機器フロー図等をA1〜A0サイズで数枚程度作成して使用していたが、最近はパワーポイントの表現技術が向上して代替できるようになったため、使われることが少なくなっている。

　模型については、公立病院PFI等の大型案件でよく使われていたが、制作費が高く搬送に手間がかかるため、最近は3DCGで代用することが多くなっている。

column 7

ベックスの設立と本の執筆に至るまで

　私がPPP-PFI関連の事業提案書に取り組むようになってから20年近くが経とうとしている。現在、私が社長をしているベックスは、2003年10月に設立した。

　ベックスという社名は、Business、Engineering、Xの頭文字から「BEX」とつけた。ビジネス（Business）は経営資源を活用して行う経済活動を意味し、エンジニアリング（Engineering）は「工学」と略され、科学を実用化して人間に役立てる技術を意味する。この2つの力を併せ持つことで、付加価値としての「X」を生み出していく。そんな思いからこの会社名にした。

　最初は1人で立ち上げた会社だが、東京本社の拡張や大阪支店の開設等を経て、今や50人程度の社員を抱えるまでになった。

　総務のアルバイト1人を除くと、全員が正社員である。なぜ正社員かというと、事業提案書の作成及びコンサルティングという業務は、ほとんどの人が経験したことがないため、手塩にかけて育成していかなければならないからだ。建築、土木、社会科学をはじめ、編集校正やビジュアルデザイン等の各専門分野での実務経験と知識をもつ社員がたくさんいる。中途入社が多く、出身母体もさまざまだ。ただ、どんなキャリアの人でも、事業提案書を作成するという仕事は、一人前になるには3年はかかる。「石の上にも3年」という通りで、1、2年で辞められてとても残念に思うことがあった。

　ベックスでは、提案力と表現力の双方を併せもつことを強みにしようと心掛けている。しかし、そのための必要条件となる人材の確保と育成で、まだまだ課題があるのは否定できない。

　顧客から「ベックスは何でいろんな分野の提案書をつくれるのか」と聞かれることがある。私たちの仕事は、顧客それぞれがもっている専門分野の強みを引き出して、それを分かりやすく、かつ差別化できるようなイン

パクトのある提案に変換していくことだ。しかも、効率よく短期間で仕上げなければならない。そのためには、手前味噌となるが、この本に書いたあれこれを実践することだと思う。

　私自身、元々はプラントエンジニアで、10年以上に亘り、上下水道施設や化学プラントのプロジェクトに携わってきた。その間、海外駐在も約2年経験した。この時代に学んだ知識や経験が今も生きている。仕事の傍らバスケット部に所属していたが、人数が少ないためにラグビーの試合にも何回か助っ人としてかり出された。今の体力はその頃に鍛えられたものだと思っている。

　その後、外資系の会社で超純水プラントの設計・施工・メンテナンス部門を5年ほどマネジメントしていた。この間、米国ボストンにある本社や中国等にも出張した。

　それから、石油化学メーカーに転職し、ポリプロピレン系の合成樹脂に関する新事業開発に取り組んだ。コンビニでよく見かける透明なゼリー容器は私が開発に携わった製品の1つで、社長賞をもらった。この会社には10年ほど勤め、合成樹脂の開発営業等も経験した。

　その後は、友人の紹介でeラーニングのベンチャー企業に転職し、研修で米国に行ったりもした。この時に学んだプレゼンに関する知識が、今でも役に立っている。この会社には1年ほどしかいなかったが、ベンチャー企業が成長することの難しさを実感した。そこで、経営学を学んでみようと思い立ち、母校早稲田大学の社会人向けのビジネススクールで起業プランニング講座に通ったり、独学で勉強したりした。

　ベックスを設立したのは50歳になってから。若いころから学習していたパソコンの知識とともに、それまでの業務経験や知識の集大成が現在の仕事につながったと考えている。とにかく、よく働き、よく運動し、そしてよく遊んだものである。家族はもとより、出会った仕事仲間や諸先輩には今も感謝している。

　図7に、PPP-PFIに関連した世の中の動きを示そう。1999年のPFI法

制定とともにPFI事業に取り組んでいったが、大手ゼネコン等をサポートした最初のころは、連戦連勝だった。このころは、競争相手が事業提案書の作成にあまり慣れていなかったからで、2003年の指定管理者制度の導入時から取り組んだ案件でも勝ち続けた。

しかしながら、PFI事業の案件数は、その後減少傾向をたどり、指定管理者制度の案件も事業提案書を一度作成してしまうと、顧客が自ら作成するようになり、リピートオーダーが来なくなった。

そんな時に発生したのが、「リーマン・ショック」だ。弱り目に祟り目で、顧客の多くがアウトソーシングへの費用支出を抑えるようになり、経営は非常に苦しくなった。それでも、徐々に取り扱い案件も増え始めた折、今度は東日本大震災に遭遇し再び苦境に立たされた。

その後、ごみ焼却施設や上下水道施設等の高度技術提案型の提案書や、民間の都市再開発の提案書等にも幅広く取り組む多角化路線を打ち出した

1999年	PFI法制定（民間資金等活用による公共施設等の整備促進）
2003年	指定管理者制度導入（地方自治法の一部改正により）
2005年	「公共工事品質確保法（品確法）」施行
2008年	リーマン・ショック発生
2011年	東日本大震災発生、PFI法改正（コンセッション制度導入）
2013年	東京オリンピック・パラリンピック開催決定（2020年）
2014年	「品確法の一部を改正する法律」施行、「PFIガイドライン」の改定
2016年	「PPP-PFI推進アクションプラン」策定
2018年	「PPP-PFI推進アクションプラン」改定

図7　PPP-PFIに関連した世の中の動き

のが成功し、案件数も売り上げも右肩上がりで伸びるようになった。おかげで大阪支店の開設、東京本社の事務所拡張等を行い、今日に至っている。現在は日本企業の海外案件のプロポーザルにも取り組んでおり、中国や台湾出身のデザイナーも採用している。

　こうした中で、自らと会社の歴史を振り返りながら、1つの区切りとして本書の執筆に至った。

　「地域住民ファースト」が基本となる私たちの仕事は、社会的意義が大きく、誇れるものだと自負している。そのため、小手先のテクニックに頼るのでなく、本質を見極めて、仕事の質を高めることで受注・選定の確率を上げるという「王道を行く」の有言実行を常に心がけている。

■参考文献・資料

『失敗の本質―日本軍の組織論的研究―』［著］戸部良一、寺本義也、鎌田伸一、杉之尾孝生、村井友秀、野中郁次郎、ダイヤモンド社、1984

『イノベーションと企業家精神―実践と原理―』［著］P・F・ドラッカー、［監訳］小林宏治、［訳］上田惇生、佐々木実智男、ダイヤモンド社、1985

『MBAマネジメント・ブック』［著］株式会社グロービス、ダイヤモンド社、1995

『ディズニー７つの法則』［著］トム・コネラン、［訳］仁平和夫、日経BP社、1997

『ファシリティマネジメント・ガイドブック 第２版』［監修］通商産業省生活産業局生活用品課、建設省住宅局建築指導課、［編］FM推進連絡協議会、日刊工業新聞社、1998

『知識創造の経営―日本企業のエピステモロジー―』［著］野中郁次郎、日本経済新聞社、1990

『非営利組織の経営―原理と実践―』［著］P・F・ドラッカー、［編訳］上田惇生、田代正美、ダイヤモンド社、1991

『リエンジニアリング革命―企業を根本から変える業務革新―』［著］マイケル・ハマー、ジェイムズ・チャンピー、［訳］野中郁次郎、日本経済新聞社、1993

『図解 ナレッジマネジメント』［著］アーサーアンダーセン ビジネスコンサルティング、東洋経済新報社、1999

『コトラーのマーケティング入門』［著］フィリップ・コトラー、ゲイリー・アームストロング、［監修］恩藏直人、［訳］月谷真紀、ピアソン・エデュケーション、1999

『プレゼンテーションのノウハウ・ドゥハウ』［著］HRインスティテュート、［編］野口吉昭、PHP研究所、2000

『完全網羅 日本版PFI―基礎からプロジェクト実現まで―』［監修］西野文雄、［共著］有岡正樹、有村彰男、大島邦彦、野田由美子、宮本和明、山海堂、2001

『マネジメント【エッセンシャル版】―基本と原則―』［著］P・F・ドラッカー、［編訳］上田惇生、ダイヤモンド社、2001

『ロジカル・シンキング』［著］照屋華子、岡田恵子、東洋経済新報社、2001

『図解 リスクマネジメント』［著］アンダーセン、朝日監査法人、東洋経済新

報社、2001

『イギリスの地域政策』［著］辻悟一、世界思想社、2001

『イギリスの政治行政システム―サッチャー、メジャー、ブレア政権の行財政改革―』［共著］竹下譲、横田光雄、稲沢克祐、松井真理子、ぎょうせい、2002

『説得できる図解表現　200の鉄則』［著］永山嘉昭、日経BP社、2002

『マスローの人間論―未来に贈る人間主義心理学者のエッセイ―』［著］エドワード・ホフマン、［訳］上田吉一、町田哲司、ナカニシヤ出版、2002

『知識創造の方法論』［著］野中郁次郎、紺野登、東洋経済新報社、2003

『フィールドブック　学習する組織「5つの能力」―企業変革をチームで進める最強ツール―』［著］ピーター・センゲ、アート・クライナー、シャーロット・ロバーツ、リック・ロス、ブライアン・スミス、［監訳］柴田昌治、株式会社スコラ・コンサルト、［訳］牧野元三、日本経済新聞社、2003

『指定管理者制度』［著］出井信夫、学陽書房、2005

『英国の持続可能な地域づくり―パートナーシップとローカリゼーション―』［著］中島恵理、［企画］サスティナブル・コミュニティ研究所、学芸出版社、2005

『指定管理者　実務運営マニュアル』［編著］三菱総合研究所地域経営研究センター、学陽書房、2006

『公共スポーツ施設のマネジメント』［著］間野義之、体育施設出版、2007

『クレドが『考えて動く』社員を育てる！』［著］吉田誠一郎、日本実業出版社、2008

『PFI神話の崩壊』［編著］尾林芳匡、入谷貴夫、［著］加藤昌宏、吉原稔、岡田和人、原田日出夫、森下芳則、自治体研究社、2009

『スティーブ・ジョブズ　驚異のプレゼン―人々を惹きつける18の法則―』［著］カーマイン・ガロ、［訳］井口耕二、［解説］外村仁、日経BP社、2010

『SWOT分析による経営改善計画書作成マニュアル』［著］嶋田利広、坂本力、尾崎竜彦、社マネジメント社、2011

『［図解］論理的な考え方・話し方・書き方の基本が身につく本』［著］西村克己、PHP研究所、2012

『空港経営と地域　航空・空港政策のフロンティア』［監修］一般財団法人関西

空港調査会、［編著］加藤一誠、引頭雄一、山内芳樹、成山堂書店、2014

『日経MOOK　公共インフラ再生戦略　PPP／PFI徹底ガイド　2016年版』［監修］東洋大学PPP研究センター、日本経済新聞出版社、2015

『［新版］考える技術・書く技術―問題解決力を伸ばすピラミッド原則―』［著］バーバラ・ミント、［監修］グロービス・マネジメント・インスティテュート、［訳］山﨑康司、ダイヤモンド社、1999

『できる公務員のための文章術』［編著］青山佾、竹内書店新社、2001

『分かりやすい公用文の書き方［改訂版］』［著］磯崎陽輔、ぎょうせい、2004

『外来語・役所ことば言い換え帳』［編］杉並区役所区長室総務課、ぎょうせい、2005

『自治体の公用文作成ハンドブック』［著］小澤達郎、前田敏宣、学陽書房、2007

『誰も教えてくれなかった公務員の文章・メール術』［編著］小田順子、学陽書房、2011

「公の施設の指定管理者制度の導入状況等に関する調査結果」総務省自治行政局行政経営支援室、2016

「PPP/PFI推進アクションプラン（平成30年改定版）」内閣府民間資金等活用事業推進室（PPP/PFI推進室）、2018

「PFIの現状について」内閣府民間資金等活用事業推進室（PPP/PFI推進室）、2018

「PPP/PFI推進の意義」内閣府民間資金等活用事業推進室（PPP/PFI推進室）

「公共工事の品質確保の促進に関する法律の一部を改正する法律（概要）」国土交通省、2014

「地方公共団体におけるPPP/PFI推進のあり方―先進諸国に学ぶべき教訓―［第2編］」林倫子、株式会社日本総合研究所ホームページ、2016

「横浜文化体育館再整備事業　入札説明書」横浜市、2017

「PFIガイドブック」福岡市、2016

「PFI事業の事業者選定における価格と提案内容の総合評価」　駒井正晶（慶應義塾大学）、会計検査院「会計検査研究第29号」、2004

「PFI事業の流れ」京都府

「PFI 事業契約との関連における業務要求水準書の基本的考え方（案）」内閣府民間資金等活用事業推進室（PPP/PFI 推進室）、2009

「PFI 事業実施プロセスに関するガイドライン」内閣府民間資金等活用事業推進室（PPP/PFI 推進室）

「公立学校耐震化 PFI マニュアル」文部科学省、2008

「PPP/PFI におけるマーケットサウンディングの重要性—空港のコンセッション—」手計徹也（デロイト トーマツ ファイナンシャルアドバイザリー株式会社）、デロイトトーマツグループホームページ、2014

「PPP 事業における官民対話・事業者選定プロセスに関する運用ガイド」内閣府、総務省、国土交通省、2016

「PPP/PFI 事業を促進するための官民間の対話・提案　事例集」国土交通省総合政策局、2015

「京都市 PFI 導入基本指針［概要版］」京都市、2016

「競争的対話の導入に向けて—欧州における実績とわが国への適用に向けた課題—(中間報告)」土木学会建設マネジメント委員会インフラ PFI/PPP 研究小委員会 PFI/PPP レビュー・提言部会、2014

「地方公共団体向けサービス購入型 PFI 事業実施手続簡易化マニュアル（別冊）PFI 実施手続のための作成素材」内閣府　民間資金等活用事業推進室（PPP/PFI 推進室）

「第 2 回 PFI 事業実施プロセスに関するワーキンググループ 議事概要・議事次第・配布資料　要求水準書作成指針骨子（案）」内閣府民間資金等活用事業推進室（PPP/PFI 推進室）、2008

「『改正 PFI 法』で変わる公的サービスの担い手」公田明、みずほ総合研究所株式会社ホームページ、2012

「研究員リポート 我が国 PFI 15 年の軌跡と今後の展望（抄録）—波乱の展開から今 新たなステージへ—」金谷隆正「日経研（日本経済研究所）月報（431）」、2014

「法改正により拡大が期待される我が国の PFI 事業」佐藤航太、株式会社三井住友銀行ホームページ、2012

「民間資金等の活用による公共施設等の整備等の促進に関する法律（PFI 法）の

一部を改正する法律案の概要」内閣府民間資金等活用事業推進室（PPP/PFI 推進室）、2018

「第 196 回通常国会　PPP まちづくり関連の改正法案を読む（2）コンセッション事業の推進を強化、PFI 法改正案」平島寛、「新・公民連携最前線」ホームページ、2018

「PFI 法改正に関する説明会資料」内閣府民間資金等活用事業推進室（PPP/PFI 推進室）、2011

「PPP 研究センターレポート vol.019　PFI から PF2 へ―英国の PFI 改革策―」難波悠、東洋大学 PPP 研究センター、2012

「PFI は終わったのか―英国における PFI 廃止の提案―」馬場康郎、三菱 UFJ リサーチ＆コンサルティング株式会社ホームページ、2017

「PFI を改善した PF2（PF2：Revamped PFI）」菊川智文、British Politics Today ホームページ、2012

「『PFI における今後の入札契約制度の在り方に関する調査』について」内閣府民間資金等活用事業推進室（PPP/PFI 推進室）、2006

「わが国における病院 PFI をめぐる現状と課題」堀田真理、「経営論集　第 75 号」東洋大学、2010

「契約解除事例からみた病院 PFI 事業の課題」佐野修久、「年報　公共政策学 Vol.5」北海道大学公共政策大学院、2011

「2 巡目に入った指定管理者制度の課題と事業計画書」岡崎明晃、「Fitness Business No.54」株式会社クラブビジネスジャパン、2011

「地方自治制度の概要　第二編 普通地方公共団体　公の施設について」総務省

「指定管理者制度の運用について」総務省、2010

「公の施設の指定管理者制度の導入状況等に関する調査結果（概要）」総務省、2012

「公共工事における総合評価落札方式の手引き・事例集（改訂第 2 集案）」国土交通省国土技術政策総合研究所総合技術政策研究センター建設マネジメント技術研究室、2003

「公共工事の品質確保に関する法律の一部を改正する法律（概要）」国土交通省、

2014

「改正 PFI 法の概要とインパクト」福田隆之、株式会社野村総合研究所、2011

「平成 30 年度 PPP/PFI 推進に資する支援措置」内閣府民間資金等活用事業推進室（PPP/PFI 推進室）、2018

「中野サンプラザ取得・運営等事業提案競技有識者委員会審査講評」中野区、2004

「中野サンプラザ解体へ　区長表明『2024 年度前後に』」福沢光一、毎日新聞、2018

「中野サンプラザ取得・運営等事業の再提案に関する庁内審査会の審査結果について」中野区、2004

「駅前『中野サンプラザ解体』新区長でどうなる」鳴海行人、東洋経済オンラインホームページ、2018

「中野サンプラザ取得・運営等事業の枠組み変更について」中野区、2008

「中野サンプラザ問題の基礎知識」あつまれ！"まちの力"ホームページ

「中野サンプラザ取得・運営等事業について」中野区、2018

「訴訟の提起に関するお知らせ」株式会社 BBH、2009

「PPP/PFI 推進アクションプラン（平成 30 年改定版）概要」内閣府民間資金等活用事業推進室（PPP/PFI 推進室）、2018

「世界経済の潮流 2005 年春 中国経済の持続的発展のための諸課題 官から民へ 第 2 章」内閣府政策統括官室（経済財政分析担当）、2005

■ 著者紹介

岡崎 明晃（おかざき　あきみつ）
ベックス株式会社　代表取締役

1975年、早稲田大学理工学部卒業。三菱化工機、東燃化学でプラントエンジニア、新規事業企画、開発営業等を経験。
早稲田大学ビジネススクールにてベンチャー起業理論コースを習得した後、マネジメントからエンジニアリング、メンテナンスに至るまで幅広い知識とノウハウを生かして、2003年にベックス株式会社を創設。中野サンプラザの民営化では、地元企業をまとめ、事業計画書作成とコンサルティング業務を実施して成功に導き、PPPの先駆的役割を果たす。

PPP-PFI事業提案書の作り方
プロが教える　発注者に評価されるテクニック

NDC 317.6

2018年11月25日　初版1刷発行
2024年5月10日　初版13刷発行

（定価はカバーに表示してあります）

Ⓒ　著　者　　岡崎　明晃
　　発行者　　井水　治博
　　発行所　　日刊工業新聞社
　　　　　　　〒103-8548　東京都中央区日本橋小綱町14-1
　　電　話　　書籍編集部　03（5644）7490
　　　　　　　販売・管理部　03（5644）7403
　　FAX　　03（5644）7400
　　振替口座　00190-2-186076
　　URL　　https://pub.nikkan.co.jp/
　　e-mail　info_shuppan@nikkan.tech
　　印刷・製本　新日本印刷（株）（POD12）

落丁・乱丁本はお取り替えいたします。　　2018 Printed in Japan
ISBN978-4-526-07898-9
本書の無断複写は、著作権法上の例外を除き、禁じられています。